SEMENTES de SUCESSO

José Marcos Sarabia

SEMENTES de SUCESSO

A história do brasileiro que se tornou
o maior nome do agronegócio paraguaio

MATRIX

Diretor editorial
Paulo Tadeu

Capa, projeto gráfico e diagramação
Patricia Delgado da Costa

Foto da capa
Débora Vieira Fontana

Revisão
Adriana Wrege

CIP-BRASIL - CATALOGAÇÃO NA PUBLICAÇÃO
SINDICATO NACIONAL DOS EDITORES DE LIVROS, RJ

Sarabia, José Marcos
Sementes de sucesso / José Marcos Sarabia. - 1. ed. - São Paulo: Matrix, 2024.
176 p.; 23 cm.

ISBN 978-65-5616-405-2

1. Sarabia, José Marcos. 2. Empresários - Brasil - Biografia. I. Título.23-86804

23-87280   CDD: 658.40092
                                  CDU: 929:658

Gabriela Faray Ferreira Lopes - Bibliotecária - CRB-7/6643

Sumário

Dedico este livro aos meus pais, Sebastião e Ana, que,
mesmo com pouco estudo e condição financeira,
lutaram para que os filhos estudassem.
Por causa deles, consegui fazer Agronomia.
Sou fruto dessa iniciativa.

Prefácio

José Marcos Sarabia é um exemplo paradigmático de que o Paraguai é um país que acolhe com generosidade os estrangeiros que aqui vêm para investir, desenvolver-se e crescer – particularmente, irmãos de países vizinhos como o Brasil. Marcos é um empresário brasileiro que tinha o sonho visionário de inovação e desenvolvimento no setor do agronegócio. Instalou-se aqui há décadas, apostando no crescimento agrícola e tem contribuído efetivamente para o desenvolvimento do chamado "agronegócio". Sua história pessoal é, em muitos aspectos, a história do setor agrícola nas últimas décadas, nas quais o Paraguai se tornou um dos mais importantes produtores de alimentos do mundo. Essa história foi construída por muitos homens corajosos, trabalhadores e sonhadores como Marcos.

De origem humilde, mas laboriosa, hoje as empresas do Grupo Sarabia estão entre os maiores contribuintes para o Fisco paraguaio, gerando não apenas riqueza, mas, o que é mais importante, oportunidades de emprego para centenas de paraguaios. O compromisso de Marcos com a inovação e excelência na área agrícola explica sua história de vida de sucesso. Além disso, Marcos sempre esteve comprometido com a responsabilidade social, com as iniciativas em favor do desenvolvimento de setores vulneráveis e com a sustentabilidade ambiental.

Santiago Peña
Presidente do Paraguai

Prólogo

Quando decidi empreender no Paraguai, não imaginava que, trinta anos depois, eu seria presidente e acionista da maior empresa de agronegócio do país. Hoje, o Grupo Sarabia é líder na produção de defensivos agrícolas e na comercialização de insumos e grãos no mercado paraguaio, com atuação também no Brasil e na Bolívia e quase dois mil funcionários. Mas, no início, éramos apenas eu e meu irmão caçula, Paulo, em uma sala de 80 m² em Ciudad del Este.

Eu tive uma infância humilde. Neto de agricultores por parte de pai e de mãe, fui criado em um sítio no interior do Paraná. Aprendi com meus pais a importância da dedicação ao trabalho. Eu e meus irmãos tínhamos responsabilidades em casa, para ajudar minha mãe nos cuidados domésticos, além de trabalharmos na lavoura com meu pai. Também aprendi com eles a valorizar os estudos – apesar de terem cursado só até o primário, fizeram questão de oferecer aos filhos a oportunidade de estudar. No meu caso, concluir a faculdade foi decisivo.

Deixei o sítio dos meus pais para fazer Agronomia na Universidade Estadual de Londrina, a UEL. Desde o primeiro ano, me dediquei com firmeza às aulas e fiz estágios não remunerados. Meu objetivo era aproveitar ao máximo a oportunidade de aprender. No final de quatro anos e meio de curso, eu tinha mais horas de estágio do que horas de aula. Foi um período de muita dedicação, pois sou persistente quando tenho um objetivo.

Depois de me formar, comecei a trabalhar como agrônomo na Defensa, uma fabricante de agroquímicos do Rio Grande do Sul. Recebia um bom salário e poderia ter seguido carreira como funcionário, mas nunca me acomodei. Buscava alternativas para ganhar dinheiro ou encontrar caminhos que fossem mais rentáveis do que um salário fixo todo mês. Com essa visão, fiz de tudo, desde plantar tomates com meu irmão Daniel até ser vendedor da Amway, empresa americana de produtos de higiene, cosméticos e limpeza, passando ainda pela fabricação de *lingerie* com minha cunhada Tininha. Estava sempre atento ao que pudesse ser um meio para chegar mais longe.

Até que, aos 29 anos, enxerguei a oportunidade de empreender no Paraguai. Juntei o pouco dinheiro que tinha e apostei tudo em uma ideia que, naquela época, parecia uma loucura. No início da década de 1990, o país era visto pelos brasileiros como centro de contrabandistas e falsificadores. A Ponte da Amizade ficava em uma região conhecida pelos assaltos frequentes aos sacoleiros que cruzavam a fronteira para comprar produtos baratos em Ciudad del Este e revender no Brasil. Mas, nessa mesma época, o agronegócio paraguaio começava a se desenvolver, e vi que haveria mercado para uma distribuidora de insumos agrícolas.

Criei a Agrofértil com o objetivo de levar aos agricultores do Paraguai uma consultoria para que alcançassem o máximo da produtividade com insumos de boa qualidade. Como estratégia de crescimento, apostei na verticalização, com a compra da Tecnomyl – fabricante de agroquímicos localizada em Villeta, a 40 quilômetros de Assunção –, que atualmente é líder no mercado paraguaio, à frente de multinacionais. Também percebi a possibilidade de atuar na comercialização de grãos, e, hoje, com 25 silos, esse setor é tão relevante quanto os demais do Grupo Sarabia, que possui, ainda, fazendas produtoras de alimentos no Brasil, no Paraguai e na Bolívia.

Não cheguei até aqui sozinho. Além de trazer Paulo comigo quando decidi empreender, hoje, fazem parte dos negócios Toninho, o terceiro mais velho entre os irmãos, e Marly, ex-esposa do Humberto, nosso irmão mais velho, que deixou a empresa há cerca de 20 anos. Tivemos experiências com outros sócios que passaram pelas empresas, além de funcionários e parceiros, muitos atuando desde o início. Em todos esses anos, aprendi com todos com quem trabalhei, tanto com as contribuições positivas que eles deixaram quanto com as decepções que alguns me causaram. Também evoluí como profissional, tirando lições dos meus erros, dos mais simples aos mais graves, que comprometeram os negócios e me levaram a acreditar que poderia perder tudo o que havíamos construído. Mas, ao lado de meus irmãos, com transparência e honestidade, consegui superar os desafios.

Eu, Paulo e Toninho estamos no dia a dia das empresas e tomamos juntos as decisões estratégicas, embora cada um seja responsável por uma área do grupo. Há três anos, começamos a preparar nossa sucessão, observando a segunda geração da família chegar às empresas. Alguns já se firmaram nas áreas em que têm afinidade, outros estão procurando seu caminho.

Como toda empresa familiar de capital fechado, temos alguns desafios que diferem de empresas com outro perfil. Talvez o maior deles seja garantir a perenidade dos negócios com a atuação da família no quadro de executivos. Acredito que as próximas gerações precisam saber administrar o que foi conquistado, e só poderão fazer isso se souberem dar valor ao que seus antepassados fizeram. Para isso, elas precisam conhecer a história da empresa, que passa pela história da família.

Convivi pouco com meus avós e não conheço detalhes da história deles, o que fizeram antes de mim, quanto trabalharam para comprar o sítio em que meu pai foi criado e onde, depois, eu e meus irmãos crescemos. Quando penso nos meus netos, bisnetos e tataranetos, quero que conheçam nossos passos e saibam reconhecer os esforços daqueles que vieram antes. Para que nossa história não se perca, eu quis escrever sobre minha jornada. Também senti urgência em deixar este registro depois de passar pela Covid.

Em março de 2020, quando o Brasil ainda tinha poucos casos da doença, fui o primeiro paciente de internação grave de Foz do Iguaçu, apesar de todos os meus esforços de prevenção. Fiquei 17 dias internado, oito deles entubado. Algumas pessoas chegaram a acreditar que eu não resistiria, e boatos circularam na cidade anunciando isso. Mas, graças a Deus, ao trabalho excepcional da equipe médica, à dedicação e à união da minha família e às redes de orações que se formaram por mim, deixei o hospital. Foi um dos episódios mais marcantes da minha vida e que me provocou muitas reflexões. Conversando com amigos e familiares, ouvi incentivos para escrever um livro sobre a minha história para inspirar outras pessoas – Felipi, meu filho mais velho, já era um grande defensor dessa ideia.

Ao revisitar meu passado, me emocionei revivendo as conquistas e os momentos de maior dificuldade. Alguns dizem que tive sorte, mas considero que o principal foi enxergar o que outros não estavam vendo. Muitas vezes, tive coragem para assumir riscos porque confiei na minha análise e nas pessoas que estavam ao meu lado. Acima de tudo, trabalhei. Dediquei muito tempo e atenção aos negócios, com a determinação de quem não se permite fracassar.

Nas próximas páginas, compartilho reflexões sobre os principais episódios de minha trajetória profissional e das empresas do Grupo Sarabia, assim como de minha família. Espero que esta história, de um rapaz simples que deixou o campo para estudar, inspire as pessoas a lutar por seus sonhos. Aos leitores que fazem parte de minha família, o legado que eu e meus irmãos construímos está agora devidamente registrado. Meu desejo é que ele seja passado para outras gerações com a mesma dedicação que tivemos ao longo das últimas décadas.

CAPÍTULO 1

Raízes

Eu nasci e cresci em uma propriedade rural familiar. Somos sete irmãos, seis homens e uma mulher, todos criados no sítio Santa Paula, em Ibiporã, a 17 km de Londrina. Meus pais são filhos de agricultores que migraram para a região norte do Paraná em busca de oportunidades nas lavouras de café. Desde pequenos, trabalharam na roça, ajudando seus pais – meus avós –, como era comum antigamente, e, por isso, não terminaram os estudos. Tiveram uma vida difícil, mas sempre baseada no trabalho honesto e na religião – valores que eu e meus irmãos absorvemos.

Como acontecia com quase todas as famílias das propriedades rurais daquela região, vivíamos da plantação de café, principalmente. Para nosso abastecimento, havia pomar, horta e uma pequena criação de gado, porcos e galinhas. O restante, comprávamos na cidade, com o que o dinheiro permitia. Não é fácil tirar o sustento da plantação, ficar sujeito às variações do clima e dos preços. No entanto, mesmo com todo o desenvolvimento tecnológico do agronegócio, até hoje eu digo que o importante mesmo é rezar para chover na hora certa, pois a umidade do solo e o sol são fundamentais para o sucesso da colheita.

Nossa rotina era como a de todas as propriedades rurais da época. No café da manhã, logo cedo, tomávamos o leite tirado das vacas pelo meu pai, Seu Sebastião. Ele segurava o balde com uma das mãos e ordenhava com a outra. A ordenha das que eram mansas era mais rápida, porque ele conseguia usar as duas mãos, segurando o balde entre os joelhos.

Também começávamos o dia comendo pão com queijos e doce de leite feitos pela minha mãe, Dona Anita. Ainda engolíamos um ovo quente cru, temperado apenas com sal, como ela nos obrigava a fazer. Acreditava-se que isso deixava as crianças fortes, com saúde. Era horrível, mas ninguém reclamava.

Minha mãe cozinhava alimentos cultivados na horta e algumas coisas a mais que meu pai trazia da cidade. Comer carne não era comum em casa. Aos domingos, ela fazia frango criado no próprio sítio. Também preparava doces deliciosos de abóbora, mamão, figo e outros frutos. No final da tarde, recolhíamos os ovos das galinhas, dávamos comida aos porcos e separávamos os bezerros das vacas, para eles não mamarem durante a noite e termos o que tirar pela manhã.

Mesmo sem fartura, fomos crianças muito felizes, que viviam soltas brincando com os filhos dos trabalhadores rurais e dos sitiantes vizinhos. Como havia muitos homens, meu pai fez um campo de futebol no nosso sítio, onde passávamos horas jogando. Tínhamos também nossas obrigações com a escola, pois meus pais consideravam o estudo muito importante. O plano deles, como o de qualquer pai e mãe em condições similares, era que os filhos tivessem uma vida melhor, sem tantas privações. Hoje, posso dizer que foram bem-sucedidos em seu propósito.

Acho que eu e meus irmãos prosperamos por causa da visão do meu pai, 60 anos atrás, que acreditava na importância de cursar uma faculdade. Alguns dos meus tios, que viviam em condição financeira semelhante à nossa, não tiveram a mesma clareza e, hoje, tenho primos de primeiro e segundo graus que trabalham em empregos de baixa qualificação. Tivemos uma infância parecida, mas, quando eu fui para a faculdade, eles foram trabalhar na lavoura.

O plano dos estudos não nos tirava a responsabilidade de participar dos trabalhos do sítio – na plantação ou em casa, onde minha mãe é quem dava as ordens. Ela escolhia as funções conforme a idade, de forma justa e adequada à maturidade de cada filho. E fazíamos de tudo: guardar roupa, limpar banheiro, esfregar chão, lavar louça, buscar ovos no galinheiro, entre outras atividades.

A casa em que morávamos era circundada por uma calçada de cimento claro que estava sempre limpa, apesar do chão batido de terra ao redor. Ana Maria e eu, os dois mais novos antes do caçula, éramos responsáveis por lavá-la, quando eu tinha cerca de dez anos, e ela, oito. Eu esfregava até a metade, e a Ana limpava o resto. No final, minha mãe conferia o resultado e, se achasse que não estava bom, mandava limpar de novo. Era assim com todos os filhos. Ela não aceitava desculpas para serviço malfeito e ficava brava se alguém demorasse demais para terminar.

Minha mãe sempre foi muito dura e enérgica quando chamava nossa atenção. Hoje, eu entendo que não devia ser fácil cuidar de sete filhos, com meu pai fora de casa a maior parte do tempo. Algumas tarefas ela fazia em série. Para cortar nossos cabelos, por exemplo, ela nos colocava em fila e, em três minutos, passava a maquininha na cabeça de cada um. A gente aprontava bastante, fazíamos brincadeiras inocentes, mas que, às vezes, nos colocavam em risco. Subíamos no galho mais alto da árvore, e minha mãe ficava desesperada, mas não tinha o que fazer. Ou melhor, ela fazia o que conseguia: gritava para descermos. Também percorríamos ladeiras em alta velocidade em carrinhos com roda de madeira, o que, muitas vezes, acabava em tombos e ferimentos.

A toda hora um filho se enredava numa aventura, se embrenhando no mato, procurando passarinho ou pescando. Eu adorava ter passarinhos, principalmente periquitos, que capturava andando pelas árvores. Dona Anita não tinha sossego. Além do trabalho normal que toda criança dá, ela ainda tinha que se preocupar com as nossas brincadeiras. Acho que é por isso que ela nos colocava para trabalhar. Com alguma ocupação, não havia tempo para fazer arte e ainda ajudávamos no serviço doméstico.

TRABALHAR A TERRA

Era uma casa com dez cômodos grandes, seis quartos e duas salas. Minha mãe cozinhava no fogão a lenha, em panelas de ferro pesadas, difíceis de manusear. Depois de um certo tempo, meu pai comprou um fogão a gás. Ela só tinha ajuda externa para lavar e passar a roupa, pois, quando eu ainda era pequeno, não havia energia elétrica. A luz só chegou ao sítio em 1970, no ano da Copa do Mundo de futebol, quando o Brasil foi tricampeão. Eu tinha seis anos, e Paulo, o mais novo dos sete irmãos, era bebê e chorava a cada gol que a seleção brasileira fazia. Naquele ano, meu pai comprou a primeira televisão da região, e muita gente vinha assistir aos jogos em casa. A sala grande não comportava todas as pessoas, muitas se sentavam no chão. Aqueles que ficavam de fora disputavam um lugar na janela, se esticando para tentar ver alguma coisa. Lembro-me até hoje da música que se tornou hino dessa edição do Mundial: "Noventa milhões em ação / Pra frente, Brasil, no meu coração / Todos juntos, vamos pra frente Brasil / Salve a seleção / De repente é aquela corrente pra frente, / Parece que todo o Brasil deu a mão..."

Casa do sítio Santa Paula, em Ibiporã, comprado pelo meu avô Afonso e onde, depois, meus pais criaram os sete filhos

Quando compramos uma máquina de lavar roupa – outra novidade tecnológica –, a área de serviço não tinha estrutura elétrica nem de encanamento para a instalação e, por isso, ela acabou sendo instalada no banheiro. Certo dia, quando eu tinha cerca de 12 anos, minha mãe pediu que eu retirasse a roupa da máquina. Não me lembro por que o banheiro estava molhado – talvez alguém estivesse lavando. Eu estava descalço e, quando encostei a mão para abrir a tampa, levei um choque tão forte que a máquina me puxou e minhas pernas grudaram nela. Comecei a gritar tão alto que todos que estavam por perto correram para acudir. Daniel, o segundo mais velho dos irmãos, chegou primeiro e tentou me puxar de volta, mas não conseguiu me desgrudar. Ele só não levou um choque maior porque estava de chinelo, mas na hora isso nem passou pela cabeça dele. Eu achava que iria morrer. Ana Maria também gritava, chamando minha mãe, que entrou em casa assustada. Quando entendeu o que estava se passando, no instinto, apenas gritou para quem estivesse mais perto: "Desliga a chave geral!".

O quadro de luz ficava no quarto dos meus pais, e meu irmão Tião, dois anos mais velho que eu, foi rápido e desligou a chave. Eu caí no chão. Minha mãe, que não era muito de carinhos e afagos, me abraçou aliviada, ainda chorando. Foi um susto enorme, e todos nós nos lembramos desse episódio até hoje. Durante muito tempo, fiquei distante de tomadas elétricas. Pedia ajuda a alguém se precisasse ligar algum aparelho. Já superei esse medo, mas ainda tenho receio dos equipamentos elétricos.

Porém, no geral, os acidentes eram mais leves, causados por molecagens, como na tarde em que me machuquei tentando pular uma cerca de arame farpado. Ao lado do curral onde apartávamos os bezerros das vacas para tirar o leite, ficava o nosso campo de futebol, separado por uma cerca alta. O terreno era em desnível, e eu estava na parte de cima. Quis fazer uma graça para os outros meninos que estavam lá e corri para pular a cerca e cair direto no campo. Para chamar a atenção deles, anunciei: "Olha o pulo!". Mas não deu certo e acabei todo arranhado pelas farpas.

Entre os sete irmãos, os mais novos trabalhavam esporadicamente nas plantações de café, às vezes nas férias escolares, principalmente entre junho e julho, na época de colheita. Meus irmãos Daniel e Toninho foram os que se dedicaram por mais tempo. Quando prestaram vestibular, ainda trabalhavam na lavoura. Fizeram matrícula em um cursinho pré-vestibular noturno e, no fim do dia, iam a pé até a rodovia pegar o ônibus para Londrina, voltando à meia-noite. Caminhavam para casa e se deitavam por volta de uma da manhã. No dia seguinte, se levantavam cedo para trabalhar.

O mais velho, Humberto, ao iniciar os estudos escolares, aos sete anos, foi morar com meu avô paterno, Afonso, em Londrina. Frequentou o Colégio São Paulo, depois fez Agronomia na faculdade de Bandeirantes, portanto, não trabalhou no sítio. Relembrando nossa história, considero que meus pais não foram equitativos com os filhos, pois Daniel e Toninho foram os que realmente trabalharam pesado em serviços braçais nas lavouras de café. Mesmo assim, pelo esforço de Seu Sebastião e Dona Anita, todos nós estudamos – só Daniel e Tião não fizeram faculdade, porque não quiseram.

Na nossa família, a diferença de idade entre cada um dos irmãos é de aproximadamente dois anos. Pelas regras da minha mãe, os mais velhos cuidavam dos mais novos. Daniel foi o que mais ajudou em casa, fosse na cozinha, fosse no banho dos menores, fosse cuidando dos animais.

Meu pai, Seu Sebastião, gerenciava o sítio com o sistema de porcenteiros, que concedia a algumas famílias uma casa dentro da propriedade, com água e energia elétrica pagas, e a responsabilidade por determinado lote da lavoura. Depois, elas recebiam uma porcentagem da venda dos pés de café de seu lote.

Era um modelo bastante comum nas propriedades familiares da região, onde havia muito trabalho a ser feito e pouca mão de obra. Normalmente, o proprietário das terras comprava os insumos, como fertilizantes e defensivos agrícolas. No final, ficava com 60% da venda da produção. Já os porcenteiros, responsáveis pelos serviços de aplicação, limpeza do cafezal e pela colheita, recebiam os 40% restantes. O café, até então, era uma cultura relevante, que mantinha muitas famílias nas propriedades rurais. Com o fim do ciclo do café no norte do Paraná, na década de 1970, grande parte dos trabalhadores rurais se mudou para as cidades, muitos deles sem emprego.

Os porcenteiros moravam nas casas que ficavam próximas da nossa, dentro dos 54 hectares da propriedade. Um deles é o Mauro, que chegou na década de 1970 e trabalhou com meu pai por quase 50 anos, até se aposentar. Hoje, eles são amigos, e Mauro visita o sítio, que permanece na família depois de tanto tempo.

Na época de safra, o trabalho da colheita durava o dia inteiro, até o anoitecer. A comida era entregue aos trabalhadores por pessoas de suas famílias no local onde eles estavam trabalhando. Várias vezes, eu levava as marmitas que minha mãe havia preparado para Daniel e Toninho. Chegava às 11 horas da manhã, quando eles se sentavam sob uma sombra para comer e, em seguida, voltavam ao trabalho.

A colheita do café ia de maio a agosto. Para colher, era preciso puxar com as mãos os grãos de café das ramas, jogando-os no chão, e, com um rastelo, fazer montes com as folhas e sujeiras que se acumulavam na terra. Com uma peneira, os trabalhadores separavam o café e o colocavam em sacos. No final da tarde, meu pai pegava seu caminhão Ford amarelo, que está até hoje no sítio, e saía pelos carreadores – as estradas dentro das propriedades rurais – recolhendo os sacos dos porcenteiros para levá-los ao terreirão, onde o café era esparramado para secar ao sol por até sete dias, dependendo do clima. Todas as tardes, era preciso amontoar e cobrir com lona. Quando chovia ou ficava nublado, os grãos não eram esparramados e permaneciam cobertos.

Meu pai, Seu Sebastião, na plantação de café, que sustentou a nossa família durante muitos anos

Para completar nossa renda, minha mãe criava galinhas, que vendíamos no acostamento da BR-369. Para não sermos roubados, escondíamos parte dos frangos amarrando-os embaixo dos pés de café, nas margens da rodovia. Meus irmãos mais velhos ficavam na beira da estrada mostrando os frangos aos motoristas que passavam. Os interessados paravam para negociar, e sempre vendíamos tudo. Na volta para casa, tínhamos que prestar contas à Dona Anita e entregar o dinheiro da venda.

ORIGEM NA ESPANHA

Meu avô, Afonso Sarabia Lozano, nasceu em 29 de abril de 1895, na cidade espanhola de Granada, na Andaluzia, e veio para o Brasil quando tinha 14 anos. A família da minha avó, Paula Rifal Revelha, é de Barcelona, na Catalunha, onde ela nasceu, no dia 29 de abril de 1901. Eles se conheceram no navio em que migraram da Espanha para o Brasil, e se casaram em Chavantes, no estado de São Paulo, cidade na qual construíram sua família trabalhando nos cafezais. Dos nove filhos que tiveram, sete nasceram antes de se mudarem para Ibiporã, quando compraram o sítio Santa Paula.

Meu pai tinha nove anos em 1940, quando meu avô contratou um caminhão para levar a família Sarabia e toda a sua mudança para o sítio Santa Paula, que havia comprado em Ibiporã. A viagem de 160 quilômetros durou quase quatro dias. A região norte do Paraná era formada por pequenos lotes agrícolas de colonos vindos das fazendas de café do interior de São Paulo, que estavam em declínio após a quebra da bolsa de Nova York, em 1929. O município de Ibiporã ainda não havia sido fundado, e o vilarejo tinha apenas algumas casas separadas por ruas de terra, iluminadas por lamparinas a querosene.

Quando chegaram à região, havia começado a Segunda Guerra Mundial, que afetou o mundo todo. No interior do Paraná, bem como em diversas regiões do Brasil, houve escassez de produtos básicos. Meu pai conta que percorria a pé os três quilômetros do sítio até Ibiporã para conseguir um pacote de açúcar, algum mantimento e um pouco de querosene. Tudo racionado.

Mesmo com as dificuldades, a família insistiu na plantação e no trabalho honesto. Com o tempo, a realidade foi melhorando. A produção era ótima, mas havia pouca gente para comprar, os preços não eram altos e a entrada de dinheiro era lenta. Ao mesmo tempo, a cidade crescia, e a região se desenvolvia. Meus avós, com muita dedicação, conseguiram comprar várias pequenas propriedades na região, que, posteriormente, dividiram em vida entre os filhos. Tive a felicidade de conhecer ambos, principalmente vô Afonso, que faleceu com 89 anos, no dia 1º de setembro de 1984, quando eu tinha 19 anos. Minha avó Paula faleceu mais cedo, em 26 de outubro de 1972, e tenho poucas lembranças dela.

Na década de 1950, meu avô pôde comprar um jipe da Ford, o modelo mais moderno da época. Era um artigo de luxo, que poucos tinham. Ainda assim, a vida não era fácil. A cidade já havia sido fundada e crescia aos poucos. Já tinha uma paróquia que a família frequentava e onde meu pai conheceu minha mãe.

A família de minha mãe também é de imigrantes europeus. Meus avós são descendentes de italianos que migraram para o interior de São

Paulo. Meu avô materno, Ângelo Scanavez, nasceu em Ribeirão Preto, em 27 de julho de 1894, e minha avó, Dona Tranquila Baptistucci Scanavez, nasceu na mesma região, na cidade de Morro Agudo, em 7 de fevereiro de 1896. Eles se casaram em 12 de agosto de 1915, em Nuporanga, e tiveram dez filhos. Meu avô mantinha com seus irmãos uma propriedade agrícola. Minhas primas contam que essas terras foram vendidas contra a vontade de vô Ângelo e, por esse motivo, ele teria se mudado com a família para trabalhar nas lavouras de café do Paraná. As três irmãs mais velhas da minha mãe, que já eram casadas, ficaram morando na região de São Joaquim da Barra, onde essa parte da família está até hoje. Não conheci vô Ângelo, pois faleceu muito cedo, em 14 de junho de 1952, aos 58 anos, quando minha mãe tinha 17 anos. Porém, tenho claras lembranças da vó Tranquila, apesar de ter convivido com ela quando era muito pequeno – eu tinha oito anos quando ela faleceu, em 31 de janeiro de 1972, mesmo ano da morte da vó Paula.

Meus avós paternos, Afonso e Paula, mudaram-se para o Paraná para plantar café

A família de minha mãe chegou a Ibiporã dez anos depois dos Sarabia. Eram funcionários do sítio vizinho ao do meu avô, cerca de um quilômetro distante, onde também moravam. Durante três anos, meus pais namoraram, encontrando-se nos eventos da igreja. Casaram-se em 1954 e foram morar no sítio dos meus avós paternos, em uma casinha construída perto da principal.

Meus avós maternos, Ângelo e Tranquila, moravam no sítio vizinho e também trabalhavam na plantação de café

Com o tempo, os irmãos do meu pai se mudaram para a cidade à procura de oportunidades, deixando para trás a vida no campo. Meus avós paternos também foram para Londrina, e, depois que morreram, o sítio ficou para meu pai e meus tios. Com o tempo, meu pai comprou a parte dos irmãos e, ainda hoje, os 54 hectares permanecem na família.

Quando minha mãe faleceu, em 2016, sugeri ao meu pai que fizéssemos a divisão dos imóveis dele entre os sete filhos. Ele concordou, e eu passei uma semana procurando os cartórios para cuidar da documentação. Dividimos o sítio e colocamos no nome de nossos filhos e sobrinhos os 14 hectares onde fica a casa em que nascemos e fomos criados. Os 40 hectares restantes e os outros imóveis foram repartidos entre os irmãos. Aqueles com melhor condição financeira tiveram a oportunidade de ceder sua parte da herança aos familiares de menor poder aquisitivo. Eu tomei a decisão de doar a minha participação aos meus três irmãos em situação econômica mais precária. Fiquei muito feliz por sempre termos resolvido essas questões com calma, sem brigas por bens e dinheiro, diferentemente de como acontece em muitas famílias.

A ida dos meus avós para a cidade coincide com o que talvez tenha sido a pior seca da história da região. Foram seis meses sem chover, de julho de 1963 a janeiro de 1964, ano em que nasci. A estiagem atingiu Santa Catarina, Paraná, São Paulo, Rio de Janeiro e Minas Gerais – até o

Dona Anita e Seu Sebastião, meus pais, namoraram por três anos, encontrando-se nos eventos da igreja

Amazonas sofreu com a falta de água. Os incêndios castigaram muitas plantações. Lembro-me de vários períodos sem chuva, quando meu pai reunia os porcenteiros para fazer novena, pedir em oração para chover, mas nada do que vivi era comparado àquela seca. Talvez seja por isso que, até hoje, eu brinco que o agricultor precisa rezar.

Muito religioso, Seu Sebastião envolvia o padre da paróquia e organizava procissões de dois quilômetros, saindo da igreja até o cemitério municipal. Os moradores da cidade acompanhavam, porque a maioria era produtor rural. Meu pai dizia: "Deus não é obrigado a obedecer, mas quem pede sempre alcança. E, no tempo Dele, a chuva acaba caindo".

FÉ EM DEUS

Nas noites de domingo, íamos todos à missa na paróquia Imaculada Conceição, de Ibiporã. Meu pai nos colocava na carroceria da caminhonete; Paulo e Ana Maria iam na frente, com minha mãe. Depois de um tempo, ele comprou uma Variant, da Volkswagen, e podíamos ir todos dentro do carro, com um pouco mais de segurança. Nós fomos criados na doutrina do catolicismo, e trago essa fé comigo. Não com a mesma intensidade do meu pai, que, atualmente, aos 92 anos, permanece em casa, onde assiste a até quatro missas por dia pela televisão. Mas frequento a igreja pelo menos uma vez por mês. Considero importante levar meus filhos para que escutem as palavras do padre, aprendam sobre o conceito católico de família e, principalmente, acreditem em Deus.

A religião sempre esteve muito presente em nossa casa. Todas as noites, quando íamos para o quarto, antes de nos deitarmos, tínhamos que nos ajoelhar e rezar. Se algum de nós fizesse gracinha ou piada, se alguém risse, meu pai não se manifestava. Quando terminava o terço, ele dava bronca. Ele preferia conversar sério, com firmeza ou em tom de sermão. Aquilo doía mais do que se tivéssemos apanhado.

Na maioria das vezes, porém, o controle dos meus pais vinha no olhar. Eles não precisavam dizer uma palavra, principalmente se houvesse pessoas de fora da família por perto. Se um dos filhos estivesse falando demais ou mexendo onde não deveria, bastava uma olhada e já parava o que estava fazendo. Hoje em dia, a criação é bem diferente, os pais conversam mais com os filhos. Meus irmãos e eu criamos nossos filhos com mais liberdade, mas não desmereço a educação que recebi. Seu Sebastião e Dona Anita fizeram o que podiam para criar sete filhos com os recursos que tinham – que eram escassos.

Meu pai se dedicava à igreja, fazendo trabalhos sociais e ajudando nas atividades realizadas pela paróquia. Durante mais de trinta anos, foi ministro da Eucaristia e distribuía a hóstia com o padre no momento da comunhão. Normalmente, a pessoa que ocupa esse cargo é escolhida para ajudar nos rituais católicos por sua devoção e dedicação. Vários padres passaram pela paróquia, e meu pai continuava como ministro.

Seu Sebastião e Dona Anita, meus pais, criaram sete filhos com os poucos recursos que tinham

Ele também fazia a catequese, que é a formação religiosa de novos católicos, a preparação para o recebimento da primeira comunhão. Conduzia cursos de batismo e ministrava palestras para os fiéis. Seus ensinamentos inspiravam as pessoas, e muita gente o elogiava. Meu pai estudou apenas até o primário, mas sua sensibilidade para saber o que toca o coração das pessoas é um talento natural. Ele consegue prender a atenção quando fala e, com isso, chegou a ter um programa na rádio católica Alvorada FM (106.3 MHz), de Londrina, que ia ao ar aos domingos. Quando ainda era criança, eu não via nada de excepcional, estava acostumado com os discursos dele. Só depois percebi a grandiosidade do que ele faz com as palavras para expressar suas ideias.

Não à toa, ele fazia muito sucesso na nossa tradicional Fiesta Hawaiana, evento da Agrofértil em que celebramos o fim de ano.

Até hoje, nos encontros de família, ele faz questão de guiar a oração e falar algumas palavras antes da refeição. Quanto mais a idade avança, mais longos ficam seus discursos. Se estamos fazendo churrasco, já sei que a carne vai queimar caso ele comece a falar. A solução que encontramos para não precisar interrompê-lo foi avisar que está na hora de comer bem antes de a comida estar pronta. Assim, ele tem tempo para falar o quanto quiser, e a carne não passa do ponto.

Observar meu pai discursar me inspirou a falar em público, embora eu ainda esteja longe de emocionar a audiência como ele. Meu discurso é mais pautado pela racionalidade. Penso no que vou dizer, anoto os principais temas que quero abordar, mas na hora falo de improviso. Tem dado certo, e eu mesmo me surpreendo com minha desenvoltura, considerando que fui um garoto tímido, que se escondia debaixo da cama quando alguém vinha nos visitar.

Além dos compromissos na paróquia, meu pai era vice-presidente do Hospital Cristo Rei, administrado pela igreja e que recebe, até hoje, pacientes de muitas cidades da região. Ele dava suporte ao corpo administrativo, resolvendo problemas e tomando decisões no lugar do padre, que ocupava oficialmente o cargo da presidência. Ele realmente se entregava a essa missão. Se o hospital não tinha recursos para comprar materiais de uso diário, meu pai comprava com seu próprio dinheiro para garantir o atendimento. Fazia isso escondido dos filhos, porque nós não concordávamos. Durante quase 30 anos, ele lutou pela sobrevivência financeira da instituição, fazendo rifas, pedindo doações e sendo avalista para os empréstimos no banco.

Apesar de contar com uma equipe de diretores na administração, ele trabalhava muito para o hospital. Não foi de forma consciente, mas essa doação dele aos trabalhos da igreja me inspirou. Hoje, contribuo, pessoalmente, com diversas instituições, doando dinheiro, equipamentos, ajudando as pessoas que mais necessitam e procurando formas de contribuir sempre um pouco mais. Penso que doar parte do que eu ganho é uma maneira de devolver a Deus tudo o que Ele faz por mim e por minha família.

PRIMEIRO PASSO

Nós fizemos o primário na Escola Municipal João Fernandes, que ficava no sítio vizinho ao nosso e era a única na região. A professora, Sylvia Gonçalves, vinha da cidade com veículo da prefeitura. Saíamos bem cedo, atravessando as plantações de café pelos carreadores. Juntava um bando de crianças, algumas descalças, como eu fui muitas vezes, brincando pelo trajeto. O que mais cruzava nosso caminho eram passarinhos, pardais e tico-ticos, fazendo barulho e nos assustando quando remexiam as folhas secas no chão. Saíamos em disparada, com medo, sem nem olhar para trás.

Completei meus estudos em Ibiporã, no Colégio Estadual Olavo Bilac, onde fiz da quinta à oitava série e os dois primeiros anos do antigo colegial, atual ensino médio. Como a cidade ficava a cerca de quatro quilômetros de distância, eu e meus irmãos íamos à escola de bicicleta. Quando chovia, meu pai nos levava de carro.

No último ano do colegial, em 1981, fui cursar o que chamávamos de terceirão, no Colégio Positivo, em Londrina. Acordava às cinco e meia da manhã, tomava café e caminhava por três quilômetros na estrada de terra até a rodovia, onde pegava o ônibus em direção à cidade de Londrina. Quando chovia, chegava ao colégio com os pés cheios de barro, sujando o chão por onde passava. Muitas vezes, eu levava sapatos limpos para trocar antes de subir no ônibus. Escondia o par enlameado no capim, para buscá-lo na volta para casa.

Ao terminar o terceirão, que era preparatório para o vestibular, fiz a prova e não passei. Fiquei muito decepcionado, porque nunca havia sido reprovado na escola. Então, decidi me dedicar ao máximo e, para isso, fui morar em Londrina, na casa dos meus tios Zélia e Toninho, irmão do meu pai, que me acolheram como um filho.

Durante o cursinho, eu estudava feito louco. Ia para a aula de manhã, voltava para almoçar e me debruçava de novo nas apostilas até as seis da tarde, quando fazia uma pausa para descansar e jantar. Antes de ir me deitar, estudava mais um pouco. Meu objetivo era cursar Agronomia, um dos cursos mais concorridos naquela época.

Na década de 1970, meu pai tinha conseguido juntar algum dinheiro para investir em terrenos e planejava construir uma casa em Ibiporã, para nos mudarmos. Mas um evento climático inesperado interrompeu esses planos. Na madrugada de 18 de julho de 1975, todas as plantações de café do norte do estado foram dizimadas pela geada negra, que marcou a história do Paraná. Meu pai, assim como todos os agricultores da região, perdeu tudo. A mistura de vento com baixas temperaturas congelou a terra e queimou os pés de café por completo, até a raiz. Grande parte precisou ser replantada, e meu pai só se recuperou financeiramente três anos depois, quando a produção de café voltou ao normal. Nesse intervalo, sua renda veio da construção e venda de uma casa em Londrina. Ele também vendeu o terreno em Ibiporã e postergou o projeto de mudança para a cidade. A situação da família ainda não estava completamente recuperada no início da década de 1980, e, por isso, eu precisava entrar em uma faculdade pública.

Segui minha rotina disciplinada de estudos durante seis meses. Prestei vestibular para três faculdades e passei em todas: na Fundação Faculdade de Agronomia Luiz Meneghel, particular, e nas universidades estaduais de Maringá, a UEM, e de Londrina, a UEL, onde me formei. Estava dando certo, a faculdade já estava garantida. Agora, faltava encontrar um meio de começar a ganhar dinheiro e poder me sustentar na cidade.

CAPÍTULO 2

Semeando o futuro

Para escolher qual das três faculdades cursar, me baseei no critério financeiro. Em Londrina, além de a escola ser pública, eu continuaria morando com meus tios, sem precisar pagar aluguel nem ter gastos com alimentação.

Com meus tios vivendo em Londrina, minha irmã Ana Maria também pôde estudar. Quando ela passou na faculdade de Pedagogia, foi morar com tio Chico, irmão do meu pai e marido da tia Nita. Eu também havia morado com eles durante os seis primeiros meses do curso de Agronomia, mas voltei para a casa da tia Zélia. Acredito que a minha experiência contribuiu para que meu pai permitisse a Ana sair de casa. Ela havia feito o magistério (que era o ensino médio preparatório para professoras da educação infantil) em vez do colegial.

Minha irmã passou no vestibular na primeira vez que prestou o exame, fez os quatro anos de curso morando com meus tios, se especializou em orientação e supervisão escolar. Trabalhou por 33 anos e se aposentou na profissão que escolheu. Hoje, meu pai inclui a Ana, orgulhoso, entre os cinco filhos que têm ensino superior. Mas, na época, ele ficou bastante preocupado, principalmente quando ela selecionou disciplinas para cursar no período noturno. Eu tentava estar sempre por perto, para apoiá-la e tranquilizar meus pais. Nos fins de semana, pegávamos juntos o ônibus de Londrina para Ibiporã. Eu carregava sua mala na caminhada de três quilômetros até o sítio.

Nós dois passávamos o sábado e o domingo no sítio. Tião voltara a morar com meus pais, depois de terminar o colegial técnico agrícola, em Santa Mariana, a cerca de 80 km de Londrina. Daniel começava sua vida profissional na cidade como funcionário do Bradesco. Toninho havia sido contratado para uma vaga no Bamerindus, um dos maiores bancos privados brasileiros da época. Em cidades pequenas como Ibiporã, a carreira em agências bancárias era promissora, e o cargo de gerente era o mais almejado. Com o emprego novo, os dois já tinham comprado carro e iam juntos todos os dias trabalhar em Ibiporã.

Paulo, o irmão caçula, teve mais sorte. Quando cursou Agronomia na Universidade Estadual de Londrina, a UEL, já havíamos nos mudado para a cidade. Morávamos em uma casa em Ibiporã, e ele ia e voltava diariamente de ônibus da faculdade.

SEM MEDIR ESFORÇOS

Na faculdade, fui um aluno dedicado. Minhas notas não eram as mais altas, mas, na turma de 35 alunos, eu estava sempre entre o décimo e o vigésimo melhores estudantes. Sou extremamente competitivo, mas, na sala de aula, esse não era meu foco. Meu plano era estudar, aprender o máximo que pudesse e ser aprovado no final do ano. Passei em todas as matérias e concluí o curso no menor tempo possível, quatro anos e meio. Terminar o ensino superior era um meio para eu crescer na vida. Tia Zélia, com quem eu morava durante a semana, foi fundamental naquela época. Quando eu acordava às quatro da manhã para estudar nos dias de prova, ela se levantava 15 minutos antes e preparava um café quentinho para ajudar a me manter acordado.

O curso de Agronomia era em período integral e havia muitas aulas práticas – para mim, essas eram as mais importantes. Como eu ainda morava no sítio, pois voltava para a casa dos meus pais todos os fins de semana, gostava de aprender novas técnicas e aprimorar meu conhecimento sobre o trabalho no campo. Gostava de entender como o agrônomo controla ervas daninhas, doenças e insetos que comprometem a produtividade da lavoura. Na faculdade, surgiu meu interesse por controle de culturas, e escolhi focar essa área em meus estágios.

Sou muito grato
à tia Zélia e
ao tio Antonio,
que me
acolheram
na casa deles
quando eu era
estudante

Na minha turma, predominavam homens, sendo boa parte deles descendente de japoneses, pois a colônia japonesa no norte do Paraná é grande, e a maioria dela se dedica à agricultura.

Eu tinha mais afinidade com quatro ou cinco amigos da faculdade, como é natural em toda turma, mas mantinha bom relacionamento com todos os alunos. Meu colega mais próximo era o Carlos Henrique Cavicchioli, mas perdi o contato com ele, infelizmente, nos últimos 15 anos. O pouco que sei sobre ele é que não continuou a carreira de agrônomo. Foi frustrante saber disso, principalmente ao pensar que há tanta oportunidade para esses profissionais. Em novembro de 2023, quando este livro terminou de ser escrito, o Grupo Sarabia empregava 297 engenheiros agrônomos. Tenho orgulho da profissão que escolhi, por atuar na produção de alimentos. Hoje, liderar companhias que empregam essa quantidade de colegas profissionais me deixa ainda mais orgulhoso.

Na minha turma, entre as poucas alunas, havia uma que se destacava por sua enorme dedicação, a Maria Amélia dos Santos. Ela tinha os cadernos muito organizados e, antes das provas, vários alunos faziam fotocópia de suas anotações para estudar. Muitas vezes, eu comparava o caderno dela com o meu, e o dela era sempre mais completo. Hoje, Maria Amélia é professora na Universidade Federal de Uberlândia (UFU).

Depois de nossa formatura, a turma se dispersou, e não nos vimos mais. Fizemos dois eventos para nos reencontrar, mas poucos participaram. Recentemente, em 2022, foi criado um grupo de WhatsApp, no qual conseguimos reunir a maior parte da turma. Agora, semanalmente, recebemos notícias das pessoas. Ao me atualizar sobre o que meus colegas de faculdade estão fazendo hoje em dia, ficou claro que, desde aquela época, todos já sinalizavam a carreira que seguiriam. Aqueles com veia ambientalista foram para instituições públicas, enquanto filhos de agricultores seguiram a profissão dos pais. Eu, que já me identificava com controle químico e produção agrícola, trabalho no desenvolvimento, indústria, comércio de defensivos, fertilizantes e sementes, além de agricultura.

Na faculdade, às vezes, eu ficava com a turma do fundão, mas tinha boas notas, era dedicado (estou encostado na parede, atrás do rapaz de óculos)

Naquela época, apesar de não precisar de muito dinheiro para viver em Londrina, eu sentia falta de alguma renda extra, para sair com os amigos ou comprar as coisas que queria. Nos intervalos entre as aulas, eu fazia estágio remunerado em uma fabricante de defensivos que, hoje, pertence à Corteva Agriscience, divisão agrícola da DowDuPont. Com o agrônomo Alfredo Rodelo Fontes, eu fazia testes de eficácia de defensivos agrícolas em pequenas parcelas de plantações, e depois analisávamos os resultados de cada dose dos produtos. Quando o Alfredo viajava, muitas vezes, cabia a mim fazer os testes sozinho. Com certeza, essa experiência serviu de base para meu conhecimento dos controles químicos.

Nas férias, também me dedicava ao estágio, mas, nesse caso, sem remuneração. Nos meses de julho, dezembro e janeiro, trabalhava na cooperativa agrícola Valcoop, que já não existe mais. Em momentos diferentes, acompanhei as atividades do agrônomo Nelson de Oliveira, com quem aprendi muito, talvez mais do que nos quase cinco anos de faculdade. Quando me formei, minhas cargas horárias de estágio eram maiores do que as horas de aulas. Saí com um conhecimento prático muito mais amplo do que a maioria de meus colegas que tinham cumprido apenas as horas de estágio exigidas pelo currículo. Foi um diferencial importante, que me deu segurança quando comecei a trabalhar. Eu senti isso no passado e, hoje, percebo com ainda mais clareza quando vejo meus filhos e sobrinhos que se formaram engenheiros agrônomos e chegam às empresas do Grupo Sarabia com pouca ou nenhuma experiência no campo.

Para complementar meus ganhos, comecei a dar aulas para adultos à noite no Colégio Campos Salles, em Ibiporã, nos chamados supletivos. Eram cursos intensivos, que condensavam o conteúdo de um ano em seis meses, para o aluno concluir as etapas mais rapidamente. Eu preparava as aulas com base nas apostilas do próprio colégio e, de três a quatro vezes por semana, ia de ônibus de Londrina para Ibiporã depois da faculdade, voltando na mesma noite. Quando estava muito cansado ou perdia o horário do último ônibus para Londrina, dormia na casa da tia Glória, irmã da minha mãe, que também estava sempre disposta a me apoiar.

Eu guardo com muito carinho as lembranças de todos os tios e tias que fizeram parte do meu caminho e, hoje, fico feliz por ter condições de retribuir o apoio deles. Mais ainda, faço questão de reproduzir na minha vida o que eles fizeram por mim. Ajudo meus irmãos e meus sobrinhos sem pensar em receber nada em troca e independentemente de serem sócios ou de trabalharem no grupo. Família é muito importante e precisa se ajudar. Olhando para trás, vejo que o suporte da minha família e a universidade pública foram dois elementos extremamente marcantes na minha trajetória.

Já na faculdade, sempre buscava formas de ganhar algum dinheiro. Na matéria Entomologia, um dos trabalhos que tínhamos que entregar era um insetário. Para montá-lo, tínhamos que colocar uma lâmina de isopor de cerca de um centímetro de espessura dentro de uma caixa de camisa, que era rasa, e prender os insetos mortos com alfinetes. Depois de um tempo, eles endureciam. Como eu voltava para o sítio todos os fins de semana, andava com um vidro de álcool na bolsa e, assim que encontrava um inseto diferente, coletava e guardava no vidro para montar minha caixa. Como muitos alunos não queriam perder tempo procurando as espécies exigidas pela disciplina, eu vendia para eles as caixas prontas. Era uma forma fácil de ganhar um extra.

A rotina de trabalhar e estudar me trazia cansaço físico e mental. Apesar da minha atitude de abraçar o desafio de sair de casa, estudar e buscar minha independência financeira, eu ainda era um rapaz acanhado que havia morado a vida inteira no campo. Como professor do supletivo, para entrar na sala de aula com mais de 30 pessoas, a maioria mais velha que eu, precisei enfrentar meus medos e inseguranças. Mesmo depois de meses dando aulas, eu ainda sentia frio na barriga antes de começar. Mas, com o tempo, percebi a liderança que eu exercia em sala como professor e senti que havia mudado. Já não era um jovem tímido da roça. Foi nessa escola que conheci minha primeira esposa, Izaura, que foi minha aluna.

Fazendo o estágio e trabalhando como professor à noite, já no meu segundo ano da faculdade, consegui me sustentar sozinho. Depois de formado, quando fui efetivado no meu primeiro emprego, comprei coisas que desejava e que, até então, estavam além do meu alcance: várias calças Levi's, uma jaqueta de couro e, principalmente, um toca-fitas Roadstar, que usava no carro da empresa. Passados os primeiros meses, comecei a economizar. Não esbanjava comprando itens de luxo, apenas o que de fato eu gostava. Mesmo quando minha condição financeira melhorou, eu ainda usava roupas muito simples.

Lembro que, anos mais tarde, quando fundei a Agrofértil, em 1993, precisei ir a Buenos Aires para iniciar os contatos com fornecedores de insumos e me impressionei com a elegância dos argentinos. Nessa época, a *calle* Florida, rua mais famosa da capital argentina, parecia uma avenida de cidade europeia, com pessoas muito bem-vestidas, homens em ternos bem-cortados. Me senti deslocado e inferiorizado com a calça jeans e a jaqueta de couro que vestia, embora não houvesse nada de errado com elas. Quando me lembro dessa viagem, acho graça, porque não passava pela minha cabeça quanto minha situação financeira mudaria. Hoje, eu entro em qualquer loja e compro várias calças iguais, sem me preocupar com o preço, apenas porque gostei do modelo.

No meu primeiro ano como estudante de Agronomia, comecei a sair à noite em Ibiporã, aos fins de semana, quando voltava para a casa dos meus pais. Éramos uma turma de quase dez primos de idades próximas, todos da família da minha mãe. Já nos anos seguintes, frequentávamos lanchonetes e bares das cidades vizinhas, onde tínhamos vários amigos. Minha preferida era Jataizinho, a 30 km de Londrina, onde tive uma namorada por um bom tempo.

Entre minhas opções de lazer, não dispensava uma partida de futebol, que é tradição na família. Desde criança, jogava no sítio com meus irmãos e amigos. Meu irmão Daniel mantinha um time para disputar com equipes de outras cidades ou fazendas da região. Os jogos eram simples amistosos, não fazíamos campeonatos. No entanto, as partidas eram disputadas com muita energia, e os desentendimentos eram levados a sério – algumas vezes, chegavam à violência. A vontade de vencer era muito grande. Quando ganhávamos, a alegria era enorme. Durante a semana, o futebol era o assunto principal entre os moradores do sítio. Eles falavam sobre o que acontecera no domingo anterior e faziam previsões sobre o próximo. Para jogar no campo do adversário, levávamos jogadores e torcedores, cerca de 40 pessoas, na carroceria de um caminhão – na maioria das vezes, do meu pai –, e todos tinham que ajudar a pagar a gasolina. Se o jogo fosse em casa, Daniel providenciava sorvete e bebidas para vendermos aos visitantes. Muitas vezes, quando tinha meus 13 ou 14 anos, eu ficava no balcão do bar atendendo os clientes e aproveitando para chupar vários picolés.

Anos depois, morando em Londrina, continuei jogando em Ibiporã como integrante do Skol, time de amadores criado pelo dono de uma distribuidora de cerveja da cidade. A equipe era grande, com titulares e aspirantes. Depois das partidas, nos fins de semana, saíamos para tomar cerveja e relaxar. Também fazíamos campeonatos que disputávamos com times das cidades vizinhas.

Jogando no Skol, conheci Carlos Pauletti, meu amigo até hoje. Quando o time deixou de existir, nós montamos outro para continuar no circuito dos campeonatos. Era uma equipe razoável, que entrava em campo sem apostar na vitória, mas acabava ganhando o jogo. Por ironia, recebeu o nome de Zebrão. O time existiu durante anos. Mesmo depois que me mudei para Foz do Iguaçu, os mesmos jogadores e Carlos continuaram jogando nos fins de semana, e fizemos até um intercâmbio de jogos nas duas cidades. Num fim de semana, convidei o Zebrão para enfrentar a equipe da Agrofértil, em Foz do Iguaçu. Hospedamos todos na chácara que mantenho com meus irmãos. O encontro foi marcado por churrascos, cerveja, futebol e muita alegria. No domingo, eles voltaram para casa. No ano seguinte, o time da Agrofértil foi jogar em Ibiporã. Fizemos isso por vários anos seguidos.

No norte do Paraná, é comum as famílias serem torcedoras dos times paulistas, por influência da colonização. Eu, a maioria dos meus irmãos e sobrinhos somos santistas. Outros são palmeirenses. O mais curioso é meu pai ser corintiano. Meus tios Chico e Toninho contam que, quando meu pai era jovem, ele e meu avô tentaram visitar o Parque Antarctica, hoje chamado de Allianz Parque. Diante da negativa, meu avô ficou furioso. Os dois rumaram para o Parque São Jorge, do Corinthians, onde foram muito bem recebidos. Desde então, meu avô mudou de time, e meu pai, em solidariedade, também passou a torcer pelo Corinthians.

A PRIMEIRA VIRADA

Em dezembro de 1986, me formei engenheiro agrônomo e, apesar de todos os estágios que havia feito, estava sem emprego. Logo em janeiro do ano seguinte, fui de ônibus de Londrina a São Paulo para uma entrevista na Basf e me hospedei em uma casa da Cooperativa Agrícola de Cotia – sem custos. Era a primeira vez que eu fazia uma viagem longa sozinho. Não conhecia a cidade e fiquei uma semana procurando emprego, visitando as outras grandes empresas do setor e entregando meu currículo. Com pouco dinheiro, me deslocava de ônibus. Mas, infelizmente, não tive sucesso. Semanas depois, soube que uma fabricante de agroquímicos do Rio Grande do Sul faria um processo seletivo em Londrina. Fiz minha inscrição e fui contratado como assessor de marketing e desenvolvimento na Defensa, para atuar no Paraná. Meu primeiro e único emprego como agrônomo. Durante o tempo em que estive na Defensa, procurei emprego em algumas multinacionais que pagavam aproximadamente o dobro do que eu ganhava, mas nunca deu certo. Às vezes, penso se minha história teria sido diferente caso tivesse conseguido. Se, com um salário mais alto, eu teria me acomodado como funcionário. Acho que não. Eu estava sempre dedicado ao trabalho, mas com objetivo de ganhar dinheiro, buscando alternativas que me dessem mais garantia do que a carteira assinada.

Trabalhando na Defensa, minha sede era Londrina. Não havia um escritório. Minha função era testar produtos, avaliar a efetividade dos defensivos nos diferentes tipos de solo e culturas, além de dar apoio técnico à equipe comercial. Os assessores de desenvolvimento tinham o domínio das informações sobre a parte técnica dos produtos, e a equipe de vendas conhecia as necessidades dos distribuidores desses insumos. A interação entre a minha área e a área comercial era fundamental para fazer bons negócios. Por isso, eu queria estar próximo dos vendedores. Isso acabou me destacando dos outros, porque a maioria dos assessores dava pouca atenção às informações que o comercial coletava dos clientes.

Na época, eu não tinha essa clareza e me considerava um profissional comum. Era recém-formado, com pouca bagagem e orientação. Meu chefe, Joelson Mader, ficava em Porto Alegre, no Rio Grande do Sul, e falava comigo por telefone a cada 15 dias, aproximadamente. Ainda assim, aprendi muito com ele, em um momento importante de minha formação profissional. Esse modelo distante de trabalho não acontece hoje com meu pessoal. Nas empresas do Grupo Sarabia, as equipes são mais preparadas, são profissionais com *performances* melhores do que eu tive no passado, pois temos modelos de treinamento e uma estrutura que facilitam o desenvolvimento dos agrônomos.

Apesar da falta de preparo, eu me saía bem quando precisava falar em público, nas palestras para agricultores e funcionários de departamentos técnicos das cooperativas – talvez tenha desenvolvido essa habilidade a partir da minha experiência como professor no colégio supletivo. Parte do processo de venda era ensinar os produtores rurais a aplicar os insumos corretamente para adquirirem o melhor resultado no controle de pragas, no caso de inseticidas. Eu tinha que apresentar as propriedades químicas, as características e os benefícios de cada produto, explicando a dosagem e o método de aplicação mais recomendados para cada cultura. Esses treinamentos ajudavam o cliente a aplicar o produto de forma correta, sem desperdício, protegendo o solo e o meio ambiente e, principalmente, economizando dinheiro.

Eu viajava bastante com os vendedores pelo interior do Paraná, visitando distribuidores, cooperativas e propriedades rurais, fazendo palestras e demonstrações de campo. Delimitávamos pequenas áreas plantadas, em faixas de cerca de 20 por 50 metros ou alguns hectares, para aplicar os diferentes produtos e mostrar como eles agiam na lavoura. Com pouco mais de 20 anos, eu tinha muita energia para fazer o trabalho no campo e me relacionar com os clientes, tirando suas dúvidas e aprendendo sobre os principais problemas que eles enfrentavam no dia a dia da plantação.

Em cada região do estado, meu ponto de contato principal era com os vendedores, que foram muito importantes para que eu aprendesse a desenvolver e a manter um relacionamento comercial com os distribuidores. Depois que deixei a empresa, me distanciei da maior parte deles com o passar do tempo, com exceção do Fernando Abrão, o Turco, com quem tenho ainda uma grande amizade, e o João Geraldo Raymundo, que hoje é meu sócio na Bolívia.

As viagens a trabalho incluíam também reuniões realizadas pela Defensa. A empresa juntava seus vendedores e profissionais de pesquisa em um hotel por alguns dias para desenvolverem táticas de vendas e aprofundarem os conhecimentos sobre os produtos. Um dos primeiros treinamentos técnicos aconteceu, por coincidência, justamente em Foz do Iguaçu, quando nem me passava pela cabeça empreender no Paraguai. Ficamos no San Martin, um dos hotéis mais caros da cidade, a 500 metros da entrada do Parque Nacional do Iguaçu, onde estão as cataratas. Fiquei impressionado com o luxo do hotel e os passeios na cidade turística. Para alguém como eu, criado no sítio e que pouco tinha viajado, tudo aquilo era o máximo. Eu me sentia muito importante.

Com o salário que eu recebia, minha vida ficou mais confortável. Voltei a morar com meus pais, que, em 1986, haviam se mudado para uma casa em Ibiporã, e usava o carro da empresa, o que facilitava meu deslocamento. Minha condição financeira era semelhante à de um gerente de banco, uma referência na cidade. Nos fins de semana, para aproveitar a noite, eu ia aos bares que os jovens frequentavam em Ibiporã e em Londrina.

Um dia, chegando ao escritório em Maringá, percebi um funcionário novo no time. E, como todo funcionário novo, uma vítima de um trote bem-humorado. Assim que me viu, o Turco avisou: "Precisa pedir em Porto Alegre as sementes de sagu para o teste de germinação". Sagu é uma fécula feita da mandioca, não tem semente. Esse trote é comum na faculdade de Agronomia e, na Defensa, era quase uma tradição com quem chegava ou com os funcionários da área administrativa, como fizemos com o Nelson, que seria responsável pela unidade de Maringá. Estavam todos tão acostumados que não era preciso combinar. Respondi que faria o pedido e, depois de alguns dias, apareci no escritório com o sagu. O Turco orientou o funcionário novo a testar as "sementes" jogando as bolinhas de sagu uma de cada vez em um copo de água. "As que afundarem são boas. Se boiarem, estão ruins." Quando o gerente-geral viu, ficou furioso. Nessa época, ele chamava os vendedores de cretinos, o que virou piada entre nós. Hoje, temos um grupo de WhatsApp de ex-funcionários da Defensa chamado "Cretinos". Ele esbravejou com toda a equipe, mas ficou só nisso. No fim, ele também achou graça – e sabia que a brincadeira se repetiria. Sempre gostei de ambientes assim no trabalho, com muito esforço e dedicação, mas com espaço para brincadeiras.

Nas férias de verão após a minha formatura, eu passei a alugar uma casa ou apartamento na praia para levar meus pais, quando também ia quase toda a família. Aqueles que tinham condições ajudavam nas despesas, mas os irmãos com menos poder aquisitivo não precisavam pagar. Começamos indo para Balneário Camboriú, no litoral norte de Santa Catarina, um dos principais destinos turísticos da região Sul. Às vezes, ficavam 20 pessoas em uma mesma casa, dormindo em colchões esparramados por onde coubesse.

Quando eu já tinha a Agrofértil no Paraguai, com mais condição financeira, alugava dois apartamentos, um ao lado do outro. Uma vez, encontrei uma casa grande em Bombinhas, também no litoral catarinense. Naquele ano, foram os irmãos com suas famílias. No geral, as idas à praia eram momentos de muita diversão e alegria, principalmente para meus pais, que, além de aproveitarem os dias de férias, acompanhavam os filhos e netos desfrutando de algo que eles não puderam nos proporcionar. Eu gostava de ver a turma de mais de dez moleques, entre meus filhos e sobrinhos, formando os times para jogar futebol na areia.

Quando comecei a ter condições, alugava casa na praia para a família passar as férias de janeiro

Também fui à praia algumas vezes com o Turco, na época em que trabalhávamos na Defensa, além de outras viagens. Conhecemos a Oktoberfest de Blumenau, a Festa do Peão de Boiadeiro de Barretos, em São Paulo, e fizemos uma longa viagem ao Nordeste do país.

Nesta última, saímos de carro de Ibiporã e subimos pelo centro do país, levando uma barraca para economizar nos hotéis, pois não sabíamos as opções baratas de hospedagem pelo caminho. Começamos a viagem em um sábado de madrugada e pernoitamos em um hotel em Governador Valadares, em Minas Gerais. Na época, sem Google Maps nem Waze, nos orientávamos pelos mapas da revista *Quatro Rodas*. Ao atravessar o sertão nordestino, ficamos receosos, pois havia muitos assaltos na região. Por isso, dirigimos sem parar do domingo de manhã até o amanhecer da segunda-feira, não sem a ajuda do acaso: identificamos um ônibus com destino a Fortaleza, no Ceará, e fomos atrás dele, com o Turco dirigindo a maior parte do tempo. Chegamos ao nosso destino com tempo para almoçar na praia. Foram mais de três mil quilômetros em pouco mais de 48 horas.

Enquanto eu estava dirigindo, ia com uma mão no volante e outra enrolando pequenos pedaços de papel com a ponta dos dedos – um tique que desenvolvi quando criança e que, ainda hoje, mantenho, inclusive com maior intensidade. Costumo retirar o rótulo de garrafas de água mineral, refrigerante ou aquela fita de algumas embalagens de salgadinhos e ficar enrolando-as entre o indicador e o polegar. Normalmente, levo os plásticos no bolso e deixo também alguns na mesa de cabeceira do meu quarto e na mesa do escritório. Pego sempre que há uma oportunidade, mas, se não tenho, arrumo uma folha de papel para dobrar e cortar em partes iguais, usando apenas as mãos. É uma forma de relaxar, mas é também um vício: já parei na estrada para comprar água só para tirar o rótulo e fazer rolinho. Confesso que acho isso um hábito estranho – eu mesmo só conheço uma pessoa que também gosta de fazer rolinhos, o João Colofatti, da Belagrícola, empresa de insumos em Londrina.

Chegamos a Fortaleza em fevereiro, época de Carnaval, instalamos nossa barraca em um acampamento e fomos para a festa. Depois, fomos para Olinda, em Pernambuco, e ficamos na pensão de uma senhora muito simpática, o lugar mais barato e próximo da folia. Ela nos recomendou deixar o carro estacionado e ir a pé. Achei um absurdo, pois teríamos que caminhar vários quarteirões, mas, como o carro era responsabilidade do Turco, a decisão dele prevaleceu. Ainda bem. Na volta, vimos pessoas pulando Carnaval literalmente em cima dos carros estacionados, amassando toda a lataria. Entendemos o que teria acontecido com o nosso. O conselho da dona da hospedagem nos salvou.

Foi uma viagem longa. Conhecemos várias praias do litoral na descida de volta, até Santos, em São Paulo, mas com restrições orçamentárias, porque, mesmo ganhando bem para os padrões de Ibiporã, não tínhamos muito dinheiro. Para mim, o importante era aproveitar a oportunidade de viajar, conhecer lugares novos, fazer o que eu não pude quando era estudante. Essa viagem para o Nordeste foi a mais longa que fiz enquanto estava na Defensa – e uma das mais longas que já fiz na vida, pois não fico muito tempo longe do trabalho.

OLHAR SEMPRE ATENTO

Quando a Defensa começou sua expansão para o Paraguai, fui um dos designados para estudar o mercado local, conhecer a região e desenvolver os produtos para as culturas daquele país. Viajei para Ciudad del Este pela primeira vez em 1990, para me encontrar com distribuidores dos nossos produtos e fazer palestras de apresentação do herbicida Trifluralina para os agricultores. Naquela época, a cidade começava a atrair brasileiros que cruzavam a fronteira para comprar mercadorias a preços muito baixos e revender em suas cidades no Brasil. Isso tornava a região violenta, por causa de assaltos frequentes. Não era, portanto, uma área amigável. Mas o agronegócio naquele país estava em franca expansão e chamou minha atenção.

Entre as décadas de 1960 e 1980, o governo paraguaio incentivava a migração de agricultores estrangeiros para ocupação das terras ao leste do país, que ainda eram cobertas por mata, para a produção de alimentos e o desenvolvimento da região. Os principais beneficiados foram brasileiros, que aproveitavam o baixo preço das propriedades, cujas terras eram muito férteis. No mesmo período, o Brasil implementava medidas para estimular a expansão da fronteira agrícola para os estados do Centro-Oeste. Muita gente dos estados do Sul migrou em direção ao centro do país e ao Paraguai – neste último caso, principalmente, paranaenses. Com a criação do Mercosul, em 1991, novos mercados foram abertos para a agricultura paraguaia pelo bloco econômico formado entre Brasil, Argentina, Paraguai e Uruguai, com foco na exportação. As principais culturas eram soja, milho e trigo, além de pecuária e exploração da madeira para exportação.

Voltei ao país ao longo dos dois anos seguintes, para apresentar os produtos distribuídos pela Defensa. Conversando com as pessoas, fui conhecendo o mercado, observando seu potencial de crescimento. No primeiro semestre de 1993, visitei o país mais de cinco vezes para fazer palestras sobre um fungicida novo da Defensa, o Juno (Propiconazol). A cada viagem, aproveitava para me aprofundar mais sobre o agronegócio no país. O cultivo da soja estava crescendo, e eu percebia que o produtor rural paraguaio tinha pouca informação sobre novas técnicas de agricultura. O mercado de defensivos e fertilizantes estava começando a se profissionalizar e, com conhecimento, havia espaço para crescer.

Em paralelo ao meu emprego na Defensa, eu procurava meios de ganhar dinheiro e prosperar. Não pensava em um limite, em um objetivo específico que queria alcançar, mas sabia que não chegaria muito longe se não empreendesse. Com isso em mente, comecei uma plantação de tomates no sítio do meu pai, em Ibiporã. Meu irmão Daniel havia saído do Bradesco e precisava de uma ocupação, então era uma forma de ajudá-lo também. Ele e a esposa Tininha esperavam o segundo filho e moravam nos fundos da casa dos meus pais, em Ibiporã.

Combinamos com meu pai que usaríamos uma área no sítio para cultivar cinco mil pés de tomate. Comprei uma bomba e tubos para fazer um sistema de irrigação. Eu cuidava dessa lavoura nos fins de semana, quando não estava viajando, e podia acompanhar Daniel. Fizemos uma colheita razoável, que vendemos no Ceasa de Londrina. Fomos beneficiados pelo preço do mercado, porque colhemos pouco, mas vendemos caro. A plantação de tomate exige muita dedicação da mão de obra e aplicação de defensivos agrícolas para controle de pragas e doenças. Nós não tínhamos experiência com essa cultura, e eu, particularmente, não tinha tempo para me dedicar. O investimento era alto e, para não correr riscos, decidimos encerrar a plantação. Colhemos somente uma safra, que foi suficiente para entender que eu precisaria dedicar mais tempo à lavoura para ter sucesso, ou correria um risco muito grande.

Mas continuei atento às oportunidades e convidei minha cunhada Tininha para abrir uma confecção de *lingerie*. Eu tinha um amigo que estava ganhando dinheiro com isso e resolvi copiar. Estimulei Tininha a fazer um curso, e minha mãe cedeu um quarto para colocarmos a máquina de costura. Começamos devagar, Tininha estava aprendendo. Eu dizia: "Não importa que hoje você costure uma calcinha por dia. Daqui a pouco, você faz duas, depois, três, quatro... dez. É preciso ter paciência". Deu certo: anos depois, ela chegou a produzir mais de 40 calcinhas por dia, sozinha.

Eu continuava sem tempo para me dedicar a qualquer outra atividade durante a semana, mas às sextas-feiras à noite, por certo período, em vez de ir à balada me divertir com os amigos, eu ia para São Paulo comprar lycra e renda. Viajava 500 quilômetros de ônibus, oito horas de estrada, para chegar sábado de manhã à rua 25 de Março, popular centro de compras paulistano em que havia muitas opções de fornecedores. Tininha desenhava os modelos, definia as cores, as quantidades de tecido e me entregava uma lista com as especificações. Eu negociava preço e trazia os tecidos. Enrolava tudo em uma trouxa grande e subia de volta no ônibus no fim do dia. Domingo de manhã, estava em casa. Nessa época, eu já namorava a Izaura, minha primeira esposa, que, no começo, vendia as peças para as amigas. O negócio prosperou, e chegamos a ter uma pequena rede de mulheres que vendiam de porta em porta.

Depois que me mudei para Foz do Iguaçu, Tininha continuou sozinha, expandindo a produção e a rede de vendas para outras cidades do estado. Às vezes, tinha dificuldade para atender a todas as encomendas. Criou os filhos sem precisar sair de casa para trabalhar. Comprou carro, pagou viagens, tudo com o próprio dinheiro. Sinto-me feliz por ter colaborado com um negócio que ajudou a família de meu irmão.

Também auxiliei o Daniel anos depois, em 2006, quando ele e nosso irmão Tião não tinham bons empregos em Ibiporã. Com o único objetivo de ajudá-los a ter seu próprio negócio, decidi, com o apoio dos meus sócios na Agrofértil, constituir uma empresa distribuidora de carvão para churrasco, chamada Carvão Brasão. Iniciamos o negócio enviando caminhões que eram carregados no Paraguai para os produtos serem ensacados em Ibiporã. Com o tempo, Tião deixou a sociedade e Daniel continuou com o negócio, que sempre foi a base principal de recursos para sua família. Ele administra a empresa até hoje, com seu filho Renato – na minha opinião, de maneira totalmente errada. Sem controles administrativos, eles não têm conhecimento da quantidade de material em estoque, não sabem quais são seus custos. Sempre faço críticas a esse jeito de administrar, mas Daniel se defende dizendo que, se sobra dinheiro no final do mês, é porque "o negócio funciona".

MOTIVAÇÃO E A DECISÃO DE EMPREENDER

Em 1992, conheci a Amway, uma empresa americana de venda direta de produtos de limpeza e cuidados pessoais. Eles estavam entrando no país com um modelo de remuneração em rede, no qual cada revendedor recebia por suas vendas e pela dos associados de sua rede. O material de treinamento deles era muito agressivo, com mensagens motivacionais muito intensas. Eles diziam frases do tipo: "Só depende de você", "Trabalhe e será recompensado", "Você vai ficar rico". Eu estudava aquilo e ficava muito atraído, totalmente envolvido.

Fiquei determinado a ganhar dinheiro com a Amway. Comecei a reunir grupos de pessoas, amigos ou conhecidos, na minha casa ou na de outras pessoas, para apresentar os produtos. Havia um produto para limpar as mãos que era muito bom, eu adorava fazer a demonstração dele. Sujava minhas mãos com graxa preta de sapatos, pingava duas gotinhas do produto, esfregava e, como se fosse mágica, limpava. Queria conhecer a maior quantidade de pessoas possível para vender os produtos da Amway. Viajava, se fosse preciso, e não havia distância que me impedisse de fazer uma reunião. Lembro-me de uma sexta-feira em que fui para Ivatuba (cerca de 140 km de Londrina) e voltei na mesma noite, para encontrar uma família que queria conhecer a empresa.

Até que fui a um jantar da empresa que reuniu mais de mil revendedores em Curitiba. Comprei o ingresso porque queria me aprofundar nos processos e nas técnicas que eles divulgavam. Esses encontros tinham o objetivo de motivar os revendedores pelo exemplo. Os destaques de vendas, aqueles que tinham os melhores resultados, contavam suas histórias, davam dicas de como ampliar sua rede, como ganhar o primeiro milhão. O evento era muito chique, com os homens usando terno e gravata, e as mulheres, vestido longo. Tudo muito distante da minha realidade de assessor de desenvolvimento de produtos agrícolas no interior do Paraná, mas muito perto do que eu queria para mim: ganhar dinheiro com o fruto do meu trabalho para comprar o que eu quisesse. Nessa festa, pensei pela primeira vez: "Por que vou vender esses produtos de limpeza se posso me mudar para o Paraguai e abrir a minha própria empresa em minha área de atuação, a agronomia?". Foi meu primeiro pensamento claro como empreendedor.

A essa altura, eu já era casado e havia me mudado para Londrina. Morávamos em um apartamento financiado, e nosso primeiro filho tinha quase um ano. Vivíamos sem luxo, mas com conforto e sempre economizando. Quando se quer construir algo, é preciso cuidar das finanças em seus detalhes. Para abastecer a casa, meu principal gasto mensal, eu fazia uma lista dos itens que estavam faltando e pesquisava preços. Ia pessoalmente aos supermercados da cidade e anotava os valores que cada um cobrava pelos produtos. Depois, voltava para comprar em cada loja apenas os itens que estavam com os preços mais baixos.

Eu também fazia alguns investimentos. Meus primeiros negócios foram um consórcio de carros usados e a compra de uma linha da Sercomtel, empresa de telefonia de Londrina – na época, municipal. Há cerca de 30 anos, uma linha de telefone fixo chegava a custar cinco mil dólares no Brasil e, em algumas cidades, havia fila de espera. O aluguel de linhas de telefone era um investimento que gerava renda. Havia quem passasse a vida investindo na compra de linhas para, na aposentadoria, viver da renda desses aluguéis. Também comprei um apartamento financiado pela Caixa Econômica Federal e investi na construção de um outro, de 60 m². Para conseguir capital e abrir minha empresa, meu plano era vender esses imóveis e juntar ao dinheiro que eu havia guardado em sete anos de trabalho como funcionário.

Naquela época, final da década de 1980 e início dos anos 1990, o Brasil passava por uma das maiores crises econômicas de sua história, com inflação altíssima, que chegou a superar os 80% ao mês. Para combater a hiperinflação, o governo implementou reformas monetárias seguidas, mudando o nome da moeda três vezes em quatro anos.[1] O Plano Cruzado, de 1986, alterou o nome da moeda de cruzeiro para cruzado; em 1989, o Plano Verão criou o cruzado novo. Em 1990, o Plano Collor restabeleceu o cruzeiro. Só depois de 1994, com o Plano Real, a inflação foi controlada, e o país alcançou a estabilidade econômica.

Para os funcionários da Defensa não perderem poder aquisitivo, a empresa pagava metade do salário no dia 15 e o resto no dia 30, uma vez que receber o valor integral no final do mês significava grande perda no poder de compra. Para contornar a inflação, eu transformava meu salário em dólares. Duas vezes por mês, nos dias de pagamento, eu ficava em Londrina para sacar o dinheiro no banco e, em seguida, levar à casa de câmbio. Escondia os dólares em casa e, quando precisava de moeda nacional, trocava pela cotação do dia. Fiz isso durante muito tempo e consegui fazer com que meu salário não perdesse valor – ao contrário, tinha ganhos quando o valor da moeda americana subia.

---

1 Como referência, veja: "Histórico das alterações da moeda nacional", Banco Central. Disponível em: http://ipeadata.gov.br/iframe_histmoedas.aspx.

Mudar de país não era, porém, uma decisão fácil. No Brasil, o Paraguai era visto como um lugar inseguro, com fama de ter contrabandistas e falsificadores de produtos. Naquela época, também eram comuns roubos de veículos brasileiros para serem vendidos do outro lado da fronteira, o que piorava a imagem paraguaia. Minha família e meus amigos consideravam uma loucura eu deixar um emprego que pagava bem, com carro e despesas de viagens por conta da empresa, para migrar para o país vizinho.

Enquanto analisava a possibilidade de empreender, me aconselhava com meu irmão mais velho, Humberto, que tinha uma distribuidora de insumos agrícolas em Londrina, a CANP – Comercial Agrícola Norte Paranaense –, uma das principais da região. Além de contribuir com seu conhecimento, Humberto trouxe a CANP para ser sócia minoritária do novo negócio, o que me ajudou a tomar a decisão final – o objetivo era que a empresa nos desse garantia para conseguirmos crédito e fazermos as importações dos insumos. Ao mesmo tempo, nosso irmão mais novo, Paulo, estava se formando engenheiro agrônomo pela UEL na metade daquele ano, e decidimos que ele entraria no negócio conosco. Estávamos estruturados.

Ainda no primeiro semestre de 1993, voltei de uma viagem ao Paraguai pela Defensa e avisei meu chefe, Joelson Mader, que deixaria o emprego. Para ajudar, ele me demitiu, e eu pude resgatar o FGTS, que foi muito importante naquele momento. Eu tinha cerca de um mês de férias para tirar e usei esse tempo para ir a Ciudad del Este achar uma sala para ser nossa sede e um cartório para constituir a empresa. Tentei registrá-la com o nome de Paragro, de "Paraguai" e "agronegócio", mas já havia outra companhia com essa marca. Sem pensar muito, tomamos a decisão de colocar Agrofértil. Na segunda metade daquele ano, eu e Paulo fizemos nossas malas e partimos para Foz do Iguaçu.

CAPÍTULO 3

Coragem e ousadia

A pesar da minha determinação, não foi fácil me despedir. No dia da mudança para Foz do Iguaçu, quando fui dar um beijo e um abraço nos meus pais, fiquei com um nó na garganta e um forte aperto no peito. Foi um dia muito difícil. Sempre fui muito apegado à família, frequentava a casa deles semanalmente, mesmo depois de casado. Mudar para uma cidade a 500 km de distância significava romper com esse hábito. Era uma aposta alta para mim. Eu estava investindo o pouco dinheiro que havia juntado com a venda dos imóveis em Londrina. Começava a nova vida com 20 mil dólares e todo o tempo que tivesse para trabalhar. Precisaria me dedicar intensamente para fazer o negócio dar certo. Quando parti, sabia que demoraria meses para voltar a visitá-los.

Tive muitos momentos de tristeza, que me levaram à reflexão. Um deles, muito impactante e que me deu um aperto no coração, foi durante a viagem de mudança para Foz do Iguaçu, ao cruzar o rio Piquiri, cerca de uma hora antes de Cascavel. Fizemos a travessia de balsa, porque a ponte estava em reforma, e, naqueles minutos, quando desci do carro, olhei o caminhãozinho carregado com nossa mudança e pensei: "Meu Deus! Será que estou fazendo certo, indo embora para tão longe com a minha família?". Apesar da dor, nunca pensei em desistir.

Chegamos ao Paraguai em julho de 1993. Fundamos a Agrofértil no mesmo mês, no dia 26, como está na escritura de constituição da empresa. Alugamos uma sala comercial simples no quilômetro 4 da avenida Mariscal Francisco Solano López, a Supercarretera, em Ciudad del Este. Mais da metade da sala de 80 m² era ocupada pelo estoque. Uma divisória simples separava a mesa e a cadeira das pilhas de caixas de produtos químicos – algo impensável hoje em dia. O espaço fazia parte de um conjunto térreo na esquina com a rua Cel. Enrique Giménez, que tinha três salas, com entradas independentes pela Supercarretera, e uma vaga de carro por locatário. Como era uma região empresarial, que ficava vazia durante a noite e nos fins de semana, eu temia que roubassem o escritório, por isso, guardava em uma pasta amarela todos os documentos importantes, como notas promissórias e contratos, e nunca a deixava na sala.

Certa vez, esqueci a pasta na Cooperativa Unión Curupayty, após uma visita para a venda de um herbicida. Só percebi horas depois, quando não daria mais tempo de voltar à empresa. Fiquei bastante preocupado, porque ali estavam registrados todos os custos dos produtos, os valores de venda negociados com cada cliente e as informações estratégicas para os vendedores. No dia seguinte, resgatei a pasta, ficando aliviado ao constatar que ninguém havia mexido nos papéis. Durante mais de um ano, a empresa toda se resumia àqueles papéis, que eu mantinha em casa, para não ser roubado, e só os levava comigo quando realmente precisava, como nas visitas a clientes. Gostaria de tê-los guardado, como lembrança desse período.

Meu medo não era totalmente infundado. Logo no início, no primeiro mês de trabalho, eu e Humberto passamos por uma experiência marcante. No final do expediente de um sábado, trancamos a porta do escritório para voltar a Foz do Iguaçu. Os estabelecimentos ao redor estavam vazios, porque muitos não abriam nos fins de semana, e havia menos carros na rua. Não percebemos dois sujeitos se aproximando quando entramos no Fiat Uno do Humberto, estacionado em frente à nossa porta. Um deles colocou a arma na minha cabeça e me mandou destravar a barra antifurto, que prendia o volante no pedal da embreagem. O outro abordou o Humberto pelo lado do carona do carro. Eu suava frio e não conseguia lembrar o segredo para abrir a tranca. Foram alguns segundos de muita tensão, até que finalmente consegui destravar. Eles entraram no carro conosco, e subimos a rua Cel. Enrique Giménez até um terreno baldio. Achei que iriam nos matar ou sequestrar, mas, chegando lá, nos mandaram descer e fugiram com o carro. Era só o que queriam, graças a Deus.

Ficamos muito abalados e quase pensamos em desistir. Sabíamos que, se contássemos para o resto da família, nos pressionariam a voltar – e isso não era uma possibilidade. Apenas o Paulo ficou sabendo, porque tivemos que explicar o sumiço do carro. Meus pais e meus irmãos, longe da nossa realidade, ficariam assustados se soubessem. Com apoio mútuo, reunimos força e confiança de que nosso empreendimento daria certo. Tomamos mais cuidado, dobramos nossa atenção e continuamos. Acredito que segurança é prevenção. Sou mais cuidadoso do que a média das pessoas, mas me considero apenas prevenido. Acredito que de 70% a 80% dos casos de assalto seriam evitados com medidas de prevenção. Desde esse episódio, em 30 anos, nunca mais passamos por algo parecido.

Tenho convicção de que, ao decidir empreender fora do Brasil, acertamos na escolha do país. O povo do Paraguai é muito acolhedor e receptivo. Não tivemos dificuldade de adaptação – ao contrário, nos sentimos muito bem em todas as relações que estabelecemos com os paraguaios. As condições oferecidas pelo país também foram importantes. Hoje, o imposto de renda é de 10%, tanto para pessoa jurídica como para física.[2] Os custos de tributos sobre a folha de pagamento são de 16%, menores do que no Brasil. As relações de trabalho não são conflituosas, há poucos processos trabalhistas. Além disso, a energia é muito barata. O país usa apenas 28% da produção a que tem direito da hidrelétrica de Itaipu – os outros 72% são vendidos ao Brasil. Por ter dois grandes rios cortando o território – o Paraná e o Paraguai –, a logística para importação e exportação também tem custo baixo.

Apesar de a imagem positiva do país ainda estar sendo construída, muitos brasileiros não veem o Paraguai com bons olhos. Quando ouço comentários negativos, digo: "Continuem pensando assim, porque teremos menos concorrência por aqui!". Claro que é uma brincadeira. Frequentemente, contribuo com a Embaixada do Brasil, em Assunção, para relatar minha trajetória em eventos com o objetivo de atrair empresários brasileiros.

2 Como referência, veja "Perfil país Paraguai", Rediex e Governo do Paraguai, 2022. Disponível em: https://www.mre.gov.py/san-pablo/application/files/6116/8563/4831/PERFIL_DO_PAIS.pdf.

TRABALHO, TRABALHO, TRABALHO

Assim que chegamos a Foz, comprei um Fusca 69 bege em uma feira de carros usados. Pela empresa, meses depois, compramos uma Saveiro, da Volkswagen, em 24 parcelas de 350 dólares, para fazer a entrega dos produtos nas fazendas. Durante muito tempo, foram os únicos veículos da empresa. Hoje, a frota do Grupo Sarabia tem mais de 540 veículos de pequeno porte para as equipes de vendedores, gerentes e funcionários administrativos. Além disso, no Paraguai, temos mais de 50 caminhões próprios para distribuição de defensivos agrícolas e sementes, além de fertilizantes. A logística de grãos é terceirizada. Entre recepção e expedição, considerando somente os dias úteis, precisamos, diariamente, de cerca de 450 caminhões para movimentar todo o volume anual da Agrofértil. Para dar conta dessa enorme quantidade, trabalhamos com cerca de 20 transportadoras.

Na mesma região do nosso escritório, estavam os nossos concorrentes, que começavam a operar no país. Até a década de 1990, o mercado paraguaio de insumos agrícolas era extremamente informal, abastecido por produtos comprados no Brasil e contrabandeados para o país, na contramão do fluxo dos sacoleiros. Nós chegamos com a proposta de comercializar produtos importados legalmente, por meio de representação dos fornecedores.

Por isso, começamos nosso negócio visitando os fabricantes. Procuramos os principais produtores de fertilizantes e defensivos agrícolas da época, como Bayer, Monsanto, Merck Sharp & Dohme, Dow, entre vários outros. Fomos até Buenos Aires, na Argentina, para encontrar alguns deles. Apresentávamos a Agrofértil, que tinha poucos clientes, e pedíamos para fazer a distribuição dos produtos dessas multinacionais no Paraguai. Era necessária muita habilidade para conversar e apresentar nosso plano de trabalho com transparência, para as empresas confiarem e apostarem em nós.

Além da distribuição, também precisávamos de crédito, pois o agricultor não paga à vista, somente depois que comercializa a produção de grãos, no final da safra. No primeiro ano, a Defensa, onde eu havia trabalhado, nos ajudou com uma linha de crédito pequena, mas suficiente para nos abrir algumas portas. Depois, outros fabricantes de insumos nos concederam prazo para vendermos seus produtos: a Nitral Urbana Laboratórios, da região metropolitana de Curitiba, a Cyanamid, uma empresa americana que foi incorporada pela BASF (contamos, inicialmente, com o apoio do Luís Carlos Cavalcante e, depois, por vários anos, do Vicente Gongora), e a Ipiranga Serrana Fertilizantes S.A., que hoje é da norueguesa Yara (onde falávamos com o Jorge Larroca, já falecido, e com o gerente de exportação Gerardo Gigena). O apoio dessas empresas – e dessas pessoas – foi muito importante, pois elas nos deram crédito com base na confiança. Não tínhamos patrimônio ou contas a receber para dar como garantia. Entre os fornecedores paraguaios, contávamos com a Kasba S.A., representante de Monsanto e Chevron, com sede em Assunção, do senhor Eloy Boggino, com quem criei amizade, que mantenho até hoje. Ele sempre brinca que é meu pai paraguaio.

Com alguns produtos no portfólio e as linhas de crédito, passamos a procurar os clientes. Saíamos pela manhã e passávamos o dia indo a fazendas e sítios para oferecer os produtos, mesmo sem falar espanhol. O fato de a maioria dos agricultores do Paraguai ser de brasileiros facilitava bastante nossa vida. No começo, as visitas eram aleatórias, sem um planejamento ou escala de prioridade entre os clientes. Precisávamos começar a vender.

Como eu tinha muita experiência com palestras, adotei-as como ferramenta para me aproximar dos agricultores, oferecendo informações sobre os produtos e as novidades tecnológicas que lhes seriam úteis, independentemente de comprarem conosco. Com os poucos vendedores que tínhamos, eu organizava, agendava e convidava os interessados, preparava e apresentava a palestra. No final, oferecíamos um churrasco para promover um momento de descontração, estreitar relações, sem falar da venda de insumos. Nos dias seguintes, entrávamos em contato para oferecer alguma solução e fechar negócio.

Naquela época, a infraestrutura no Paraguai era muito mais precária do que hoje em dia. As estradas rurais eram de terra, sem qualquer pavimentação ou empedramento. A telefonia praticamente não existia. As poucas linhas fixas funcionavam de maneira instável e não havia celulares. Visitávamos as propriedades sem marcar hora. Acontecia de perdermos a viagem por não encontrar o produtor em casa ou por chegar em um horário inconveniente. Mas, na maioria das vezes, o fazendeiro ou sitiante gostava da nossa visita, sentia-se prestigiado, porque, normalmente, recebia poucas pessoas. As fazendas ficavam distantes dos centros das cidades, em lugares de difícil acesso. Além disso, o mercado era menor, havia menos empresas oferecendo produtos e assediando os clientes.

Não tínhamos telefone no escritório. Se algum cliente precisasse falar conosco, ligava na sala comercial vizinha à nossa, que anotava o recado. Também usávamos muito radiocomunicador, mas, se a antena caía – e isso acontecia sempre que chovia –, a comunicação era interrompida, às vezes, por mais de uma semana. O telefone do vizinho era mais confiável.

Passados 30 anos, às vezes, me lembro dessa época com incredulidade. Todas as limitações e riscos que assumimos parecem uma grande aventura – e foram –, mas também sofremos bastante. Uma pessoa que não viveu essas dificuldades não consegue imaginar como foi passar por tudo isso. Hoje, quando me perguntam por que não contratamos executivos para administrar os negócios, respondo que não é fácil entregar a tomada de decisão a terceiros depois de tudo o que enfrentamos. Essa trajetória é o principal motivo que me levou a escrever este livro. Quero que meus filhos, netos, bisnetos e todas as gerações que vierem depois reconheçam o valor do que construímos, preservando a união da família, como eu e meus irmãos temos feito até aqui.

Morando em Foz do Iguaçu, eu cruzava a fronteira com Paulo, que, nos primeiros seis meses, viveu conosco – economizando no aluguel. Ele é o irmão com quem tenho um relacionamento profissional mais longevo. Nossos caminhos são parecidos. Cursamos Agronomia na mesma faculdade, demos aula no mesmo colégio supletivo quando éramos estudantes, fizemos os mesmos tipos de estágio. Quando trabalhei na Defensa, ele foi meu estagiário, e empreendemos juntos no Paraguai. No início, na maioria dos dias, levávamos marmita e esquentávamos em um pequeno fogão. Eu trabalhava até tarde, muitas vezes voltava às nove ou dez da noite. Quando eu fazia palestras, chegava em casa de madrugada.

Atravessar a Ponte da Amizade, sobre o rio Paraná, era um desafio a mais, porque disputávamos espaço com os milhares de carros e ônibus que lotavam o caminho todos os dias. Na época em que o real e o dólar estavam equiparados, o movimento de turistas e sacoleiros era muito intenso, especialmente aos sábados. Ciudad del Este era conhecida como a "meca das compras" e recebia milhares de sacoleiros por dia.

As pessoas cruzavam a fronteira a pé. E o fluxo de carros era grande. Em um sábado, quando resolvi almoçar em casa, passei mais de cinco horas na fila. Saí do escritório ao meio-dia, mas cheguei no horário do jantar. Ainda corria um risco adicional de ficar parado sobre a ponte com meu Fusca, que tinha um problema na bobina e desligava quando esquentava. Eu costumava levar uma garrafa de água para esfriar o carro e retomar a viagem, e cheguei a usá-la algumas vezes na fila, antes de atravessar.

As finanças também eram um desafio enorme, talvez o mais preocupante e difícil de vencer. Como recebíamos a maior parte dos pagamentos no final da safra, houve momentos em que não tínhamos dinheiro para colocar gasolina ou para despesas mínimas do escritório. Quando isso acontecia, eu trocava cheques de 2 ou 3 mil dólares em casas de câmbio, com prazo de 15 dias e juros altíssimos. No dia do vencimento, se ainda não tivessem entrado recursos na empresa, eu procurava outra casa de câmbio para descontar um segundo cheque e resgatar o primeiro, que não tinha fundos. Era uma manobra arriscada, porque, se não cobríssemos o valor, poderíamos ser presos caso a casa de câmbio acionasse a Justiça. No Paraguai, essa estratégia chama-se bicicleta, porque você pedala de uma casa de câmbio para outra. Essa rotina durou cerca de seis meses, e, apesar do sufoco, sempre consegui pagar todos os cheques que descontei.

Hoje, me emociono quando me lembro desse período. Na época, eu não deixava o sentimento tomar conta, estava focado nos negócios, mas eu sofria. Sentia falta de meus pais e da família toda. Apesar de o Humberto também ser sócio, ele não ficava em Ciudad del Este, porque ainda era sócio da CANP, em Londrina. Minhas companhias para discutir estratégias e tomar as decisões de negócios eram o Paulo, que ainda tinha pouca experiência e maturidade, e o Elvio Bragagnolo, o Braga, sócio minoritário que se juntou à empresa logo no início.

O primeiro ano foi intenso, com grandes apertos de dinheiro, mas também muitos contatos e o começo de boas negociações com os agricultores. O bom relacionamento que nós começamos a desenvolver passou a dar frutos por volta de 1995. Minha intuição estava certa, havia espaço para crescer. Nesse início, o combinado entre os sócios era de que todo o lucro que tivéssemos seria reinvestido na empresa.

ESTRUTURAR PARA CRESCER

A lei no Paraguai naquela época determinava que as empresas abertas no país deveriam ter o percentual mínimo de um cidadão com documentos do país. Para cumprir essa exigência, convidamos Ramón Sánchez, que trabalhava na Defensa no Paraguai, para integrar a sociedade com 1% de participação. Gentilmente, ele foi sócio da Agrofértil por um curto período, até regularizarmos a papelada da emigração para termos 100% da companhia em nosso nome.

Ainda antes de fundar a Agrofértil, conheci o Braga, um brasileiro que era vendedor em uma distribuidora de produtos da Defensa no país vizinho e conhecia o mercado local. Por mais que eu tivesse estudado a região durante meses, não tinha os mesmos conhecimentos e experiência que ele. Percebi que era uma pessoa honesta e que seria importante para somar forças à Agrofértil. Eu não conseguiria fazer uma proposta que superasse o que ele ganhava na outra empresa para contratá-lo como funcionário. Por isso, o convidei para ser sócio minoritário. Ele ajudaria na expansão e cresceria junto. Deu certo. Anos depois, em 2002, quando deixou a sociedade por iniciativa própria, tinha um patrimônio que lhe garantia segurança financeira para sua aposentadoria. O Braga comprou propriedades rurais e, hoje, é cliente da Agrofértil. Somos amigos e mantemos uma ótima relação.

Primeiros sócios da Agrofértil. Da esquerda para a direita: eu, Élvio Bragagnolo e meus irmãos Paulo e Humberto

O conhecimento do Braga foi muito importante nesse começo, somado à experiência que eu tinha desenvolvido na Defensa. Para diminuir nossas chances de errar, copiávamos o que as outras empresas faziam bem. Usávamos formulários de pedidos parecidos com os da concorrência e os mesmos processos administrativos e programas de computador. Também contratamos o escritório de contabilidade que atendia as empresas do setor. Com o tempo, trilhamos nosso próprio caminho. Hoje, as empresas do Grupo Sarabia são referência no ramo e são copiadas por muitas outras companhias.

Com o desenvolvimento dos negócios, começamos a investir na equipe. Em 1995, já éramos oito pessoas na Agrofértil. Eu gerenciava a operação, enquanto Paulo e Braga faziam as vendas. Contratamos um gerente e um auxiliar na área administrativa, além de uma secretária e uma pessoa na limpeza. Para organizar as finanças – e abandonar, definitivamente, a pasta amarela –, contratamos Adilson Benedito Antonio Junior, que conhecemos por meio de uma agência de empregos. Não imaginávamos que ali estaria um grande aliado para o nosso crescimento.

Muitos registros das operações financeiras ainda não estavam no sistema e, com o crescimento do volume de negócios, era difícil controlar as contas. Para colocar essa documentação em ordem, Adilson começou fazendo o levantamento de todos os registros das negociações realizadas: pedidos de vendas, notas promissórias, recibos de pagamento. Ao fazer a conciliação bancária, ele foi encontrando inconsistências, valores que não batiam. Conseguimos identificar alguns desvios pequenos, feitos por funcionários que haviam passado pela empresa, mas havia outras discrepâncias.

Adilson começou a ser mais insistente para melhorarmos o controle de alguns processos, especialmente do pagamento de frete aos caminhoneiros que faziam as entregas. A essa altura, ele já sabia quem estava roubando e de que maneira, mas, para não acusar diretamente o culpado, me dava pistas. Minha atenção, porém, estava voltada para a geração de receita, para o crescimento das vendas e para o relacionamento com os clientes. Pelos relatórios, eu percebia que havia algo errado, e tudo indicava que os desvios eram feitos pelo gerente administrativo, mas eu não tinha informação suficiente para tomar uma decisão.

Um dia, chamei o Adilson para uma reunião em minha casa, em Foz do Iguaçu, sem que ninguém do escritório soubesse. Quando ele chegou, fui direto ao assunto: "O que você sabe sobre esse gerente?".

Ele contou tudo o que tinha descoberto, valores e datas dos desvios. Também me mostrou os mecanismos que havia criado no sistema para tentar impedir as fraudes. Por exemplo, se alguém inserisse o pagamento de um frete, mas não apresentasse o recibo, o valor ficava em aberto no nome da pessoa. Se o comprovante de pagamento não aparecesse, ela deveria repor o montante. O nome do gerente, que era chefe do Adilson, estava em praticamente todos os valores em aberto, ele nunca repunha. Fiquei desapontado, porque parecia ser um excelente profissional. Com essa confirmação, não havia mais como mantê-lo na empresa. Informalmente, enquanto outro profissional não era contratado, Adilson assumiu as funções da gerência, mas logo mostrou-se capaz de ocupar o cargo e, algum tempo depois, oficializamos a promoção.

Um dos primeiros contratados da empresa, Adilson hoje é diretor financeiro da Agrofértil

Como ele é contador, depois de colocar em dia a documentação financeira, cuidou da contabilidade gerencial, produzindo relatórios com base nos números da empresa. Percebeu que ninguém fazia isso e tomou a iniciativa, uma postura que eu e meus irmãos valorizamos muito. Nosso negócio é muito dinâmico e estava crescendo muito rapidamente. Eu precisava de pessoas com a agilidade do Adilson para estruturar a empresa.

Adilson atuou como gerente até 2007, quando o convidei para ser diretor financeiro no lugar do Paulo Campaner, que era nosso sócio minoritário desde 2003 e estava saindo do negócio. Quando fiz a proposta, ele recusou. Estava confortável com o salário que recebia e não se sentia preparado para responder pelas outras áreas da diretoria financeira. Mas eu sabia que ele era o profissional ideal para o cargo e pedi que considerasse a oferta. Depois de um tempo, retomei o assunto e, de novo, ele recusou, sugerindo que contratássemos alguém do mercado. Eu e meus irmãos, porém, já havíamos nos decidido por ele. Sugeri que aceitasse como um teste e, se o desempenho não fosse bom, ele voltaria a ser gerente financeiro. No entanto, fiz questão de afirmar minha confiança nele. E orientei: "Quando não souber o que fazer, contrate quem saiba, traga as melhores pessoas para trabalhar com você". Como previamos, ele nunca mais voltou à gerência. Parte de nosso sucesso se deve à sua condução administrativa e financeira da empresa. Com certeza, depois de mim e de meus irmãos, ele é a pessoa que mais contribuiu com tudo o que fizemos.

IMPORTANTES PARCERIAS

Nós chegamos ao Paraguai em um momento de muito desenvolvimento do agronegócio no país. Na década de 1990, a produção paraguaia anual de soja era de cerca de 2,5 milhões de toneladas. Hoje em dia, é de aproximadamente 10 milhões de toneladas por ano.[3] As empresas que, assim como nós, souberam acompanhar o ritmo do desenvolvimento do mercado prosperaram.

No nosso modelo de negócio, financiamos a venda de defensivos, sementes e fertilizantes para os produtores rurais. A dívida é documentada com nota promissória, ou *pagaré*, em espanhol, com vencimento depois da colheita, quando a produção é comercializada. Para conseguir financiar, nós adquirimos crédito com os fornecedores e bancos e, para ganhar dinheiro, temos que fazer uma boa gestão dos recursos que levantamos. Hoje em dia, com o tamanho e a reputação que conquistamos, não temos dificuldade para conseguir capital – uma realidade bem diferente da do início. Naquela época, algumas parcerias foram muito importantes para nossa expansão. Uma delas, talvez a mais determinante, foi a que firmamos com a Marangatu Granos y Óleos S.A.,

---

3 Como referência, veja "Área de siembra, producción y rRendimiento", Capeco, 2023. Disponível em: https://capeco.org.py/area-de-siembra-produccion-y-rendimiento/.

uma indústria produtora de óleo que ficava a 30 quilômetros da fronteira com o Brasil e processava cerca de 600 mil toneladas de soja por ano, quase um quarto do volume produzido pelo Paraguai.

A Marangatu havia sido instalada no Paraguai pela família dos sócios do Banco Bamerindus, após uma política do governo paraguaio de apoio à industrialização da soja. Para comprar o grão diretamente dos produtores, ela fornecia insumos e, para isso, usava as distribuidoras, como a Agrofértil, que integrou o grupo de parceiras, mesmo sendo nova no mercado.

O modelo iniciava com a Marangatu definindo uma linha de crédito para os agricultores interessados em conseguir financiamento para plantar. Os agricultores que tinham crédito aprovado faziam o pedido, e a Agrofértil entregava os insumos. Para conseguirmos realizar grandes volumes de vendas, precisávamos obter crédito com os fabricantes dos defensivos e fertilizantes que representávamos. Mas, como éramos uma empresa pequena e nova, não tínhamos garantias para oferecer, o que era feito pela Marangatu, como avalista em nossas compras. Na colheita, o agricultor entregava a produção para quitar sua dívida com a indústria de óleo, e esta pagava à Agrofértil os valores referentes ao total de insumos vendidos no início da safra. A Agrofértil, por sua vez, pagava os fornecedores, liberava o aval e, com isso, fechava o ciclo. Os casos de inadimplência eram de responsabilidade da Marangatu. Essa parceria funcionou muito bem por cerca de três anos – até 1997, quando a empresa foi vendida para a Cargill – e foi fundamental para o crescimento da Agrofértil em um momento importante da expansão dos negócios.

Semanalmente, eu ia ao escritório central da Marangatu, em Ciudad del Este, apresentar as ordens de compra recebidas dos agricultores financiados pela empresa. Eu tinha receio de chegar no meu Fusca 69 e estacionar ao lado do carro do meu concorrente, uma Mitsubishi Pajero vermelha, nova. Não queria que os diretores da Marangatu fizessem comparação e eu aparecesse em desvantagem. Do outro lado da rua, havia um posto de gasolina, onde eu estacionava em uma vaga bem escondida e chegava a pé.

Também foi nessa época que comprei meu primeiro celular. Era 1996, ou talvez 1997, não me lembro exatamente, mas tenho clara lembrança de como ele era: havia uma bolsa grande e pesada, parecida com uma pasta, que guardava o aparelho. Para usar, eu precisava de uma mesa para apoiar e abrir a bolsa – onde o telefone estava conectado por um fio espiralado, como eram os telefones fixos da época –, estender a antena de mais de 20 centímetros e discar manualmente. Ele só funcionava nas cidades e em lugares altos, pois a cobertura da rede era limitada. "Posso chegar em um Fusca, mas tenho um celular igual ao do meu concorrente", eu pensava.

Nas minhas visitas à empresa, eu conversava com os funcionários que encontrava, mesmo de outras áreas, atento àqueles com perfil para trabalhar na Agrofértil. Assim, consegui identificar potenciais funcionários e os trouxe para a empresa, como Fabiano Piccoli Ghellere, que foi vendedor e, hoje, gerencia a Agropecuária Cataratas, em Redenção, no Pará; Marcos Florentin, que começou na Agrofértil como vendedor na região norte paraguaia e, atualmente, é vendedor na Tecnomyl; e Fabio Flores, que sempre esteve no departamento financeiro da Agrofértil e, hoje, ocupa o cargo de gerente.

A Agrofértil estava crescendo e contratando cada vez mais funcionários. Não tínhamos muito tempo para selecionar, mas tentávamos trazer para o time pessoas com perfil similar ao nosso e com vontade de crescer. Com o tempo, os poucos que não tinham o perfil, naturalmente, acabavam saindo. Os que estavam alinhados seguiam conosco – muitos estão até hoje. Gosto de manter relações duradouras.

Acredito que minha capacidade de avaliar as pessoas e reconhecer seu potencial é um diferencial que tenho. A primeira pergunta que faço a um candidato é sobre sua história, mas presto atenção ao modo como ele conta o que viveu. Conforme responde, observo seu jeito de falar, de se referir às pessoas de seu convívio, e percebo se é parecido comigo nos valores. Em segundo lugar, está meu interesse por sua história profissional desde estudante – se fez estágio, se trabalhou, quantos empregos teve, como fala do trabalho anterior. Em terceiro, me interesso pelo aspecto técnico da área em questão. Fazendo poucas perguntas, diretas e específicas, identifico se o candidato domina o assunto. Em uma entrevista, algumas vezes, bastam poucos minutos para eu decidir contratar alguém. Mas também sei esperar até encontrar a pessoa certa. A vaga de diretor comercial da Tecnomyl Brasil, que hoje é do Roberto Padua Valadão Junior, levou um ano para ser preenchida.

EVENTOS PARA CLIENTES E EQUIPE

No início dos anos 1990, aconteceram as primeiras edições da Expo Santa Rita, feira anual do agronegócio realizada em Santa Rita, cidade paraguaia colonizada por brasileiros a 65 km de Ciudad del Este. Em 1995, a Agrofértil participou pela primeira vez. Durante muitos anos, esse foi um dos maiores eventos do setor no país em geração de negócios e público. Nas primeiras edições, nosso estande era uma barraca de lona. Depois, construímos um estande fixo, mais bem-estruturado, e que permaneceu no local por muitos anos.

Nos nove dias de evento, que sempre coincidem com o feriado de Primeiro de Maio, Dia do Trabalho, recebíamos os clientes marcando nossa presença no mercado e promovendo nosso relacionamento com eles. Eram dias longos, porque a feira terminava tarde, muitas vezes depois da meia-noite. Eu levava a família e, quando meu filho Felipi tinha por volta de oito anos, ele ficava solto, brincando na terra, como eu fazia no sítio, quando era pequeno. Nessa época havia os rodeios, muito procurados pelos agricultores. Dos estandes, era possível ver o acender das luzes da arena, onde eles aconteciam. Felipi não sossegava enquanto eu não o levasse para ver os peões montando os bois e cavalos. Na abertura, quando todos os patrocinadores eram mencionados, ele adorava ouvir o locutor anunciar o nome dele na abertura: "Felipinho, da Agrofértil!". Era o momento mágico da noite. Depois do rodeio, voltávamos para casa esgotados, Felipi sujo dos pés à cabeça.

Também durante a Expo Santa Rita, realizávamos torneios de futebol com os principais clientes do Paraguai. Formávamos entre 15 e 20 equipes para disputarem os jogos, que aconteciam do meio-dia até a noite em um sábado. Terminado o campeonato, íamos para o estande da Agrofértil. Havia uma grande festa para entregar o troféu ao vencedor e premiar os jogadores mais destacados. Eu sempre jogava no time da Agrofértil, e meus gols eram os mais festejados. Depois que compramos 50% da Tecnomyl, passamos a participar da feira com as duas marcas, e eu comecei a jogar pelo time da empresa nova. Foi difícil explicar para o Felipi, ainda criança, que eu teria que jogar contra a equipe da Agrofértil em algumas partidas.

Durante muitos anos, tivemos um estande fixo na Expo Santa Rita, que já foi um dos principais eventos do agronegócio no Paraguai

Gosto muito de futebol. Já estive no estádio, no meio da torcida, onde presenciei o Santos ser campeão nove vezes. É um momento mágico. Gosto de levar meus filhos e compartilhar com eles essa alegria. Sempre que posso, vou aos jogos, seja onde for. Na final da Copa Libertadores da América de 2003, o primeiro jogo entre Santos e Boca Juniors aconteceu no estádio do time argentino, La Bombonera, em Buenos Aires. Levei o Felipi, que na época tinha dez anos. Era mês de junho, fazia frio e choveu. Assistimos ao jogo molhados e, o pior, perdemos por dois a zero. Também fui ao estádio do Morumbi, em São Paulo, onde aconteceu o jogo de volta e, outra vez, o Santos perdeu e ficou com o vice-campeonato.

Anos depois, na Libertadores de 2011, o Santos havia ganhado o primeiro jogo da semifinal contra o Cerro Porteño, um dos maiores times do Paraguai. A segunda partida aconteceu em Assunção, no antigo estádio do clube, que ainda não havia sido reformado. Contrariando a recomendação de alguns paraguaios que consultei, fui à partida na arquibancada e levei meus filhos Felipi e Dudu. A expectativa era de que o ambiente seria hostil. O jogo foi muito disputado e acabou em 3 a 3, o que levou o Santos à final da Libertadores. O estádio estava lotado, com aproximadamente 30 mil torcedores – destes, pouco mais de mil eram santistas. Foi uma aventura e corremos alguns riscos, porque houve confusão de torcedores, alguns atiraram pedras e poderíamos ter sofrido ferimentos graves. Mas valeu a pena. Na final, voltei a um estádio como parte da torcida visitante no *Centenario*, em Montevidéu, quando o Santos empatou com o Peñarol, e assisti ao jogo de volta no Pacaembu, em São Paulo, com meus irmãos e meus filhos. Foi muito legal ver nosso time vencer por 2 a 1 e conquistar o tricampeonato da Copa Libertadores da América. Em dezembro, na disputa pelo Mundial de Clubes da FIFA, fui ao Japão, com meu irmão Paulo e meus filhos Felipi e Dudu, quando o Santos jogou a final contra o Barcelona. Perdemos por 4 a 0. Também foi marcante para mim a derrota do Santos na final da Libertadores de 2020, contra o Palmeiras, por um gol marcado nos acréscimos. Por causa da pandemia, o jogo foi realizado em janeiro do ano seguinte, no Maracanã, no Rio de Janeiro.

Minha paixão pelo futebol já me levou a diversos países. Na foto da esquerda, em 2011, na final do Mundial de Clubes, com Dudu, Felipi e meu irmão Paulo, e, à direita, na Copa do Mundo da Alemanha, com meus pais, em 2006

Também sou fanático por Copa do Mundo. Já fui a cinco edições do evento: França, em 1998, Alemanha, 2006, África do Sul, 2010, Brasil, 2014, e Rússia, 2018. Acho fascinante o encontro entre países, adoro o clima de celebração em que acontecem os jogos e gosto de levar a família comigo. Em 2014, consegui ingressos e fui com um grupo de 16 familiares assistir ao jogo das quartas de final entre Brasil e Colômbia, em Fortaleza, no estádio Arena Castelão, quando ganhamos de 2 a 1. Depois, também fui à semifinal, em Belo Horizonte, no Mineirão, e estava presente no vexame da derrota de 7 a 1 para a Alemanha. A final da Copa aconteceu no Maracanã, onde vi *los hermanos* argentinos perderem para a Alemanha. Por causa da rivalidade existente no futebol entre Brasil e Argentina, torci para os alemães, mesmo tendo visto a seleção alemã atropelar a brasileira dias antes, na semifinal.

TREINAR A EQUIPE

Ainda nos primeiros anos da empresa, começamos a organizar reuniões de vendas para treinar as equipes. Os primeiros eventos aconteceram em uma sala do Hotel Bella Italia, em Foz do Iguaçu, reunindo todos os vendedores. Eu e meus irmãos cuidávamos da organização e apresentávamos as palestras ao time de vendas. Os encontros serviam também para ouvir as impressões da equipe sobre os clientes, desde a saúde financeira deles até seus planos de produção. Para tanto, criamos um documento chamado PET, Plano Estratégico e Tático, no qual cada vendedor descrevia de forma detalhada o perfil de seus clientes, a forma de trabalhar com cada um e seu plano de vendas. Usávamos essas informações para estudar e estreitar a relação com os clientes. Também havia reuniões técnicas para ampliar o conhecimento dos vendedores, já que a consultoria na venda é um diferencial. Eles precisavam estar preparados para conversar com o produtor rural sobre a lavoura.

As convenções anuais da Agrofértil e da Tecnomyl cresceram em quantidade de pessoas, e, naturalmente, profissionalizamos a organização, contratando especialistas nos diversos temas das palestras. Eles cobram caro para aplicar técnicas e cursos sofisticados, usando teorias desenvolvidas em escolas de negócios. Fico impressionado com a similaridade dos conceitos e atividades deles comparados ao que fazíamos há 25 anos, apenas com base em nossa experiência, sem qualquer assessoria especializada.

Também diversificamos os destinos. Em 2023, levamos 140 pessoas da Agrofértil para Punta Cana, na República Dominicana, no Caribe; outras 85 da Tecnomyl Brasil foram para Ushuaia, na Argentina; e 55 funcionários da Tecnomyl Paraguai foram para Cartagena, na Colômbia.

Com a equipe de vendas da Agrofértil estruturada, eu visitava apenas os clientes mais estratégicos – em geral, quando algum vendedor avaliava que o produtor rural se sentiria mais prestigiado com a presença do dono da empresa. Era raro, mas acontecia. Uma vez, o Piccoli pediu que eu participasse das visitas de um dia inteiro. Fomos a cinco clientes e, em todos, fechamos pedidos. Quando voltamos, eu entendi por que ele tinha me levado a todas as visitas: era meu aniversário e haviam preparado uma festa surpresa. Eu não poderia chegar ao escritório antes da hora.

Nessas visitas, também passamos alguns apertos. Houve um sábado em que eu e o Piccoli fomos visitar um agricultor que tinha o hábito de almoçar cedo. Nós sabíamos disso, mas não imaginávamos que era tão cedo. Chegamos às 11h30 da manhã e ele já tinha almoçado. Pensamos que a negociação seria rápida, mas ele gostava de conversar, fazia muitas perguntas sobre os produtos, prazos, garantias. Para cada resposta nossa, ele pensava e voltava com outra pergunta. O tempo foi passando, e nós começamos a ficar com fome. Mas a negociação caminhava bem, eu percebia que ia dar negócio, era só ter paciência.

Quando fechamos o pedido, já eram quase seis horas da tarde, mas fizemos uma venda completa, em um volume que poderia nos deixar tranquilos até o final do ano. Durante todo o tempo em que estivemos lá, ele não ofereceu nada, nem um petisco. Só água. Levantamos prontos para ir embora em direção ao restaurante mais próximo. Mas o cliente quis nos levar para dar uma volta e conhecer a propriedade. Fomos, claro. Tudo pelo relacionamento.

Convenção da Tecnomyl Brasil em 2023, em Ushuaia, na Argentina. No mesmo ano, a Tecnomyl Paraguai reuniu-se em Cartagena, na Colômbia, e a Agrofértil, em Punta Cana, na República Dominicana

MERCADO AQUECIDO

Com a formalização do mercado de insumos agrícolas no Paraguai, as empresas sérias, que começaram a atuar no setor no mesmo período que a Agrofértil, cresceram e se consolidaram – assim como nós. No início, quando chegamos, havia poucas distribuidoras de insumos no país, todas recém-criadas. Nós participamos do desenvolvimento do agronegócio paraguaio e, nesse processo, foi muito bom ter uma concorrência forte, que nos obrigava a melhorar. No fim, foi benéfico para todas as empresas, para os clientes e para o mercado. Sempre digo que a concorrência é o que move o mundo. Ela é responsável pelo crescimento das empresas e dos países. Com bons concorrentes, temos que nos esforçar para fazer melhor e superá-los – e, com isso, todos ganham.

Quando alcançamos uma posição um pouco melhor, éramos reconhecidos como uma das maiores do país, e foi aí que a empresa líder da época tentou nos atingir. Quando criei o nome Agrofértil, não fiz o registro do logotipo. Não sei como eles ficaram sabendo disso, mas registraram as três folhinhas verdes, que são a marca da empresa até hoje. Com isso, eu teria que deixar de usar a imagem, o que não estava nos meus planos. Além do trabalho e do investimento para criar um logotipo novo, precisaria mudar todos os materiais de escritório e a placa na entrada da nossa sede.

Como estratégia, recorri ao apelo emocional. Tínhamos muitos fornecedores e clientes em comum com esse concorrente, e eu pedi a essas empresas que declarassem por escrito que reconheciam a marca como nossa desde que começamos a fazer negócios, ou seja, desde o nascimento da Agrofértil. Quando me perguntavam por que, eu explicava que estava perdendo a marca para a concorrência, porque havia me esquecido de registrar o logotipo. Todos ficaram indignados e se solidarizaram comigo. Acredito que, quando a notícia começou a circular, houve um constrangimento, e a empresa cancelou o registro.

Tirando imprevistos como esse e as incertezas em relação às chuvas e ao preço dos grãos – questões naturais do setor –, os negócios prosperavam. Continuávamos trabalhando muito, mas em condições melhores, sem precisar desbravar um mercado desconhecido. Até que, em 1999, tivemos um problema grave com um cliente que era responsável por aproximadamente 20% do valor que tínhamos para receber, o que nos impactou bastante. Em abril, a Cerealista Paraná pediu "convocatória de credor", que, no Brasil, é a recuperação judicial ou concordata. Deixamos de receber uma quantia significativa e não conseguiríamos pagar todos os fornecedores dos insumos.

Foi um período longo de muita tensão. Nos meses de junho e julho daquele mesmo ano, durante a Copa América no Paraguai, a situação financeira da empresa era preocupante. Fui a todos os jogos do Brasil e frequentei diariamente o hotel Bourbon, em Foz do Iguaçu, onde a seleção brasileira estava hospedada, porque conhecia o gerente. Mas nada me distraiu a ponto de esquecer a nossa situação. Ganhamos do México na semifinal e fomos campeões na final contra o Uruguai, mas eu continuava tenso e refletindo sobre como minimizar esse enorme problema.

Com a falta de recebimento dessa conta grande, faltou dinheiro para pagar todos os fabricantes de insumos. Conseguimos refinanciar uma parte e, com isso, continuar ativos, com fluxo de caixa. Com o passar do tempo, quitamos todas as dívidas. Mas acredito que o mais importante da crise foi a transparência diante dos fornecedores. Assim que soubemos que não iríamos pagar, avisamos. Nosso principal credor era a Ipiranga Serrana, que tinha sede em Porto Alegre, para onde fui pessoalmente comunicar o problema ao gerente de exportação, Gerardo Gigena. O apoio dele naquele momento foi muito importante para superar as dificuldades. Em toda a nossa trajetória, tenho convicção de que essa postura transparente que sempre adotamos com bancos e fornecedores foi fundamental para conseguirmos linhas de crédito – principalmente no início, quando não tínhamos garantias para oferecer, como imóveis ou bens. Hoje, temos acesso a linhas de crédito de sobra. Trabalhamos com aproximadamente 45 bancos no Paraguai, no Brasil e em muitos outros países.

O saldo positivo da crise é que revisamos nossa estrutura de crédito, profissionalizando essa área na empresa. Passado o primeiro susto, voltamos a olhar para o crescimento. O mercado seguia se desenvolvendo, nós tínhamos uma empresa conhecida e com reputação no mercado. Estava na hora de ampliar o horizonte.

CAPÍTULO 4

A importância da família

Meu pai foi, e ainda é, uma pessoa que olha muito para o próximo. Sempre participou de projetos sociais da igreja de Ibiporã e do hospital que ele administrava, além de outras iniciativas. Acredito que herdei dele essa disposição para ajudar. Com a bênção de Deus e com muito trabalho, dedicação e persistência, meus negócios prosperaram. A exemplo do meu pai, sempre pensei nos meus irmãos, principalmente naqueles com pior condição financeira. Por isso, trato de ajudar para que tenham o básico: uma casa para morar, recursos para a velhice e a possibilidade de oferecer faculdade para meus sobrinhos.

Quando reflito sobre minha trajetória, penso que talvez tivesse seguido esse caminho de qualquer maneira, mesmo sem cursar Agronomia, por causa da minha veia empreendedora. Mas não tenho dúvidas de que minha vida seria diferente. Por ter essa convicção, insisti para que meus oito sobrinhos – os três filhos do Daniel, os dois do Tião e os três da Ana Maria – estudassem.

Para mim, o mais importante é dar sequência à iniciativa de meu pai, regar a sementinha que ele plantou há mais de 50 anos, quando estimulou todos os filhos a estudar. Até agora, conseguimos que todos os netos do Seu Sebastião tenham curso superior e estejam encaminhados profissionalmente. Apenas três não cursaram faculdade, porque ainda são jovens. Tenho certeza de que meu pai, aos 92 anos e totalmente lúcido, se sente tranquilo e realizado com isso, e eu também fico feliz.

Além de apoiar os estudos, damos oportunidade a todos para que tenham o primeiro emprego na Agrofértil ou na Tecnomyl. Hoje, seis deles trabalham nas empresas do grupo. Eu, Paulo e Toninho tomamos todas as decisões de negócios em conjunto, mas, quando se trata de nossos sobrinhos, sou quem mais defende que venham trabalhar conosco. Por esse motivo, quando há algum problema com eles, me sinto na obrigação de chamar a atenção, para que tal problema não volte a acontecer. Às vezes, me pergunto se estamos fazendo certo, porque já houve momentos desafiadores, mas a maior parte das experiências tem sido positiva. Penso que é melhor errar por excesso de apoio do que por omissão.

Um exemplo que incentivo os outros sobrinhos a seguir é o do Marcelo, filho de Tião. Quando estava nos últimos anos da faculdade de Agronomia, nas férias, ele fez estágio na Agrofértil. Depois de formado, ingressou como *trainee* e, como demonstrou interesse e habilidade, se tornou vendedor. Hoje, é gerente regional. Ele soube aproveitar desde o início as oportunidades que apareceram, da faculdade ao primeiro emprego, e vem construindo sua carreira de forma excepcional.

Muita gente acredita que o ideal é não haver muitos familiares nas empresas e, por isso, temos um acordo de acionistas garantindo que somente os sobrinhos dos três sócios Sarabia possam trabalhar no grupo. Todos atuam dentro do organograma, respondendo a algum gerente ou superior imediato, e recebem salário de acordo com os planos de carreira de sua posição, como acontece com qualquer funcionário.

Nos encontros de família, quando vejo a nova geração reunida, alguns já casados, com filhos, outros namorando, todos jovens, saudáveis e bonitos, me sinto feliz por fazer parte da sua formação profissional. Nossa família é muito grande, uma verdadeira bênção de Deus. Atualmente, somos 63: meu pai, sete irmãos, cinco noras e um genro, 19 netos e netas, 13 maridos e esposas ou namorados e namoradas de netos, 14 bisnetos e bisnetas e duas enteadas.

ALTOS E BAIXOS

Quando o Felipi tinha de nove para dez anos, e o Dudu estava para completar cinco anos, eu me separei da Izaura. Foi uma relação complicada desde a época de namoro. Tivemos bons momentos, como o nascimento de nossos dois filhos, que são maravilhosos, educados e humildes. Mas, depois de dez anos casados e alguns namorando, a relação chegou ao fim. A separação foi muito dolorosa, e o mais difícil foi aceitar que meus filhos não teriam mais os pais juntos.

Família reunida na casa de meu pai, em Ibiporã, no primeiro Natal após a morte de minha mãe, em 2016, todos usando camiseta com a foto dela

O início foi muito angustiante. Fui morar, por alguns meses, no Hotel Bella Italia, em Foz do Iguaçu, até encontrar um apartamento. Seguia com a minha rotina, cruzando a ponte para trabalhar. Na volta, no final da tarde, sentia uma enorme tristeza ao chegar a um quarto de hotel vazio. Muitas noites eu dormi chorando de saudade deles.

Fiquei um bom tempo deprimido. Perdi peso e senti dificuldade de me adaptar à nova vida. Mas, com o tempo, as coisas foram se ajustando. Felipi e Dudu continuaram morando com a mãe em Foz do Iguaçu, e eu podia encontrá-los quando quisesse durante a semana. Aos sábados e domingos eu os buscava para irmos à chácara. Nessa época, eu ia muito a Ibiporã e os levava para visitar meu pai, meus tios, meus irmãos e sobrinhos. Além disso, em todas as férias, fazíamos viagens, como nas vezes em que fomos esquiar em Bariloche, na Argentina, e no Valle Nevado, no Chile. Todos os anos, no verão, íamos para Santa Catarina, ver o mar em Meia Praia, Bombinhas ou Camboriú.

Em uma separação, acredito que a carga mais pesada fica com os filhos. Eles eram duas crianças e tiveram que aceitar que as pessoas que mais amavam não estavam mais juntas. Os dois sempre me pediam que eu voltasse para casa, principalmente o Felipi, que já tinha idade para entender o que acontecia. Lembro-me muito bem de uma cartinha que ele me escreveu. Foi muito difícil ler aquelas palavras e me manter firme na decisão. Certamente, foi o segundo pior momento da minha vida, atrás apenas de quando tive Covid.

Há um ditado que diz que amor e ódio são sentimentos próximos. Faz sentido. Os casais, quando estão se separando, muitas vezes, tomam atitudes impensadas, irracionais. Tentando ferir um ao outro, atingem os filhos. Se pudesse voltar atrás, eu teria buscado um processo mais pacífico. Hoje, não tenho conflitos com minha ex-esposa, mas não somos próximos.

Depois de aproximadamente um ano, quando me recuperei da separação, experimentei a boa vida de solteiro. Quando meus amigos casados me perguntavam se minha vida estava melhor que a de casado, eu respondia: "As duas são boas, o importante é estar bem". Algumas pessoas vivem bem sozinhas, outras têm dificuldade. Eu aproveitei os anos seguintes à separação. Gostava da noite, da boêmia, das paqueras. Conheci algumas mulheres interessantes, mas nenhuma que tivesse me tocado o suficiente para assumir um compromisso sério. Por isso, fui discreto e não as apresentei aos meus filhos. Não queria magoá-los.

Nessa época, fui ao Carnaval de Recife, em Olinda, e quis conhecer o desfile das escolas de samba do Rio de Janeiro, e gostei tanto que até hoje sou um assíduo frequentador. Também conheci o Grande Prêmio de Fórmula 1, em Interlagos. Desde então, e durante 11 anos consecutivos, fui a São Paulo quando havia corrida, algumas vezes levando clientes da Agrofértil para estreitar relacionamento. Ainda temos essa política de promover viagens de passeio para os produtores, mas atualmente damos preferência a destinos com apelo familiar, como *resorts* nas praias do Caribe.

RELACIONAMENTO COM CLIENTE

Acredito que a venda é resultado do trabalho de aproximação e de um bom atendimento a potenciais clientes. Claro que o preço pesa na decisão de compra, mas não é o que faz a diferença. Quando precisa de insumos, o agricultor lembra-se primeiro dos vendedores que mantêm contato permanente com ele, independentemente de ser época de safra. Pensando nisso – e no nosso lazer –, em 1998, eu e meus irmãos compramos uma chácara em Foz do Iguaçu, onde passamos a fazer as festas familiares – como aniversários e, algumas vezes, Páscoa e Natal –, além dos almoços aos sábados e domingos.

Quando fizemos o campo de futebol, criamos a tradição dos jogos às quartas-feiras à noite, reunindo clientes e funcionários da empresa. No início, as partidas eram uma forma de promover a aproximação entre a equipe de vendas e os agricultores. Com o tempo, reduzimos a frequência desses encontros, mas formamos um grupo de familiares e amigos que continuaram se reunindo semanalmente. Quando os jogos foram retomados, depois do período de isolamento por causa da pandemia de Covid-19, eu, Paulo e Toninho paramos de jogar devido aos riscos de contusão, mas os jogos continuaram sendo organizados até dezembro de 2022. No entanto, muitos dos participantes não tinham qualquer relação com a empresa, e alguns nós nem mesmo conhecíamos. Decidimos resgatar o objetivo comercial das partidas e, depois de 24 anos, encerramos a tradição das quartas-feiras. Hoje, os jogos acontecem nos dias em que os times da Agrofértil ou da Tecnomyl conseguem agendar com os clientes convidados.

Em novembro de 1999, seis meses após estourar a crise pela concordata da Cerealista Paraná, eu e meus irmãos, com apoio da equipe interna, organizamos a primeira edição da Fiesta Hawaiana. Na época, eventos com essa temática estavam na moda. Reunimos cerca de cem pessoas, entre clientes e vendedores da Agrofértil, no pequeno salão de aproximadamente 300 metros quadrados – que existe até hoje na chácara–, para celebrar o final do ano.

O evento cresceu e, em quatro anos, ampliamos o espaço, colocando tendas do lado de fora. Em 2008, chegamos a mil convidados, e foi preciso transferir a festa para o campo de futebol, uma área de cerca de 2.600 m^2

que cobrimos com tendas. A cada nova edição, mais clientes eram chamados, e tivemos que anexar o terreno vizinho para aumentar a área, que chegou a ter 4000 m². Nas três últimas edições, 2019, 2022 e 2023, recebemos 2.500 convidados, e a organização mobilizou mais de 200 pessoas, entre funcionários da Agrofértil e de empresas fornecedoras. Só não houve o evento em 2020 e 2021, por conta do isolamento imposto pela pandemia.

Há alguns anos, a Fiesta Hawaiana é um dos principais acontecimentos sociais de Foz do Iguaçu. Uma das edições mais lembradas é a de 2018, quando comemoramos os 25 anos da Agrofértil e convidamos o cantor Daniel para se apresentar. Momentos antes de entrar no palco, ele ouviu as palavras de meu pai, que estava especialmente inspirado naquele ano. Após o pai-nosso, rezado ao final de seus discursos, ele pediu uma oração para minha mãe, que havia nos deixado dois anos antes. Foi um momento muito bonito e emocionante. A apresentação do Daniel era uma surpresa que havíamos preparado para o público da festa. Logo que ele entrou no palco, já causou emoção. Antes de começar a cantar, ele perguntou pelo

Da esquerda para a direita: Toninho, Paulo, meu pai e eu na Fiesta Hawaiana em 2023, nos 30 anos da Agrofértil

Seu Sebastião, dirigiu-se ao meu pai e trocou algumas palavras com ele. Durante o show, ao cantar a música "Nossa Senhora", perguntou novamente por Seu Sebastião e entregou a ele uma imagem de Nossa Senhora Aparecida, que meu pai guarda até hoje em sua mesa de cabeceira.

Quando eu estava solteiro, meus aniversários na chácara também ficaram famosos na cidade, principalmente entre os jovens. Eu reunia a família, os amigos e parceiros de negócios em eventos para muitas pessoas, com bebida e música boa. A última festa foi em 2004, na comemoração dos meus 40 anos, quando tive minha primeira conversa presencial com a Bia, minha atual esposa. Antes disso, foram quase dois anos de paquera. Eu a conhecia de vista, quando ia, às quintas-feiras, a um bar em Puerto Iguazú, na Argentina, chamado La Barranca, que ela também frequentava. Conhecíamos algumas pessoas em comum, mas nunca conversávamos. Fiquei sabendo, por meio de um desses amigos, que ela comentou que estava sendo paquerada por "um velho". O deboche dela me serviu de incentivo para continuar a paquera. Quando a convidei para a festa, avisei que poderia levar quantas amigas quisesse. Para minha surpresa, ela foi. Dois dias depois, saímos para jantar e

Desde 1999 realizamos a Fiesta Hawaiana para celebrar o fim do ano com clientes. Em 2023, celebramos as tradições paraguaias

estamos juntos até hoje. Sempre brinco dizendo que era encenação dela, que ficou se fazendo de difícil, mas não resistiu depois de me conhecer.

Apesar de estar desfrutando da vida de solteiro, eu não queria ficar sozinho. Valorizo muito a família e procurava alguém para estar ao meu lado, que tivesse valores parecidos com os meus. Exatamente o que encontrei na Bia. No início, eu a achava um pouco patricinha, mas fomos nos conhecendo e estamos bem e felizes até hoje, com dois filhos maravilhosos, Isadora e Pedro.

Eu e Bia, com Isadora e Pedrinho no aniversário de nove anos dele

CONSOLIDAÇÃO DOS NEGÓCIOS

Nos negócios, colhíamos os frutos do esforço dos primeiros anos e continuávamos dedicados. Dez anos depois, a Agrofértil estava consolidada no mercado paraguaio e seguia crescendo. Com a empresa em outra escala, precisávamos de apoio nas áreas de finanças e administrativa.

Por sugestão do Humberto, trouxemos para a sociedade o Paulo Campaner, casado com minha prima Sandra, filha do tio Chico, irmão de meu pai. Ele é contador e tinha experiência no agronegócio, por ter trabalhado na CANP. Chegou como pessoa de confiança para assumir a área administrativa. Quatro anos depois, ele quis sair da sociedade porque tinha outros investimentos em Londrina. Insistimos, mas ele não quis ficar.

No mesmo ano, meu irmão Toninho desenvolvia sua carreira de bancário no Paraná. Nessa época, ele era gerente de uma agência do britânico HSBC, em Astorga, uma cidade com pouco mais de 25 mil habitantes a 70 quilômetros de Londrina. Havíamos feito o convite para ele se juntar a nós outras vezes, mas nunca com uma proposta direcionada. Dessa vez, ele aceitou e se mudou com a família para Foz do Iguaçu, assumindo a diretoria financeira da Agrofértil.

A grande maioria dos empresários busca parcerias ou sociedades com pessoas que não são familiares. Eu fui pelo caminho contrário. Acho que não há certo ou errado, são alternativas diferentes. No meu caso, trazer a família foi um acerto, pois tenho pessoas de confiança e bem alinhadas comigo nos aspectos pessoais, o que também foi importante no meu sucesso.

Rapidamente, Toninho se adaptou à nossa forma de trabalhar. Além de ser muito eficiente, do tipo que se concentra no trabalho e no resultado, sem se preocupar em contar o que está fazendo, eu e ele temos muito em comum. Ambos aceitamos riscos, algumas vezes altos, somos agressivos nos negócios. Já o Paulo é conservador e faz nosso contraponto na sociedade hoje em dia – o que é excelente para balancear as iniciativas. Apesar dessas diferenças, quando tomamos uma decisão, nós três nos apoiamos. Se der errado, erramos juntos.

Toninho ficou quase 15 anos no financeiro da Agrofértil, mas gosta mesmo é do campo. Hoje, ele é diretor da unidade responsável pela comercialização de grãos e das empresas que administram nossas fazendas. Ele visita com frequência os silos e as propriedades rurais, gosta de cuidar da lavoura e do gado. Tem um talento nato para conduzir obras de construção civil e, por isso, está à frente dessas atividades nos projetos da família – como na chácara – e das empresas do grupo – como nos silos. A afinidade de Toninho com as fazendas foi fundamental para a nossa expansão na compra de propriedades agrícolas no Paraguai e no Brasil.

Silo na cidade de La Paloma, no Paraguai, um dos 25 da Agrofértil

Atualmente, temos 25 silos, a maioria construída por nós ou reformada no momento da compra. Quando criamos a Agrofértil, não pensávamos em atuar na comercialização de grãos. Começamos com o objetivo de garantir o pagamento dos clientes, aceitando receber em grãos no final da safra – em vez de esperá-los vender a produção para só então nos pagar. Com o tempo, aprendemos sobre o negócio e, hoje, consideramos essa área tão importante quanto a de venda de insumos.

CAPÍTULO 5

Preparando novos terrenos

Em 1998, conheci pessoalmente o então senador pelo Paraná José Eduardo de Andrade Vieira, filho do fundador do Banco Bamerindus e um dos sócios da Marangatu, indústria de moagem para a produção de óleo e farelo de soja que havia sido vendida para a gigante norte-americana Cargill. Depois da venda da Marangatu, a Agrofértil assumiu a carteira de inadimplentes da empresa, como uma gentileza em retribuição ao apoio que recebemos deles quando começamos. Em uma sexta-feira, o senador José Eduardo estava no Paraguai para falarmos sobre essas dívidas, ocasião em que fomos apresentados. No mesmo dia, ele me convidou para ir à Bolívia visitar algumas propriedades rurais no fim de semana. Prontamente aceitei. Passei em casa, fiz uma mala e partimos em seu jato particular. Tive a impressão de que ele simpatizou comigo. Isso ficou mais claro depois de passarmos o sábado visitando fazendas, enquanto ele me perguntava detalhes de como era nosso negócio no Paraguai. No domingo, ele já me propôs uma sociedade para criar na Bolívia uma empresa semelhante à Agrofértil. Chegamos a um acordo, e cada parte teria 50% de participação da DBI, Distribuidora Boliviana de Insumos, com sede em Santa Cruz de la Sierra.

O mercado de defensivos agrícolas na Bolívia, assim como no Paraguai, tinha um baixo nível de profissionalismo. Naquela época, os agroquímicos eram, em sua maioria, fabricados por grandes multinacionais e não havia uma prestação de serviços especializada para os agricultores. Vi naquele convite uma oportunidade de expandir minha atuação em outro país, usando o conhecimento da Agrofértil. Mas a sociedade não durou muito tempo.

Viagem à Bolívia, com o então senador José Eduardo de Andrade Vieira (à esquerda na foto), em 1998

Logo as diferenças ficaram claras. A pessoa que representava José Eduardo na sociedade era Laércio Yamauti, seu homem de confiança. Ele havia sido diretor de crédito no Bamerindus. No banco, adquiriu vasta experiência em processos de gerenciamento, que tentava adotar na distribuidora. Era um profissional muito preparado. Pelo tamanho e perfil do negócio, eu considerava algo desnecessário. Nossa empresa era pequena, um modelo muito diferente do que eu tinha no Paraguai. Percebi que não teria espaço para trabalhar da forma que acreditava ser a correta e, passados 11 meses, negociei amigavelmente minha saída. Acertei os termos com o Zulmar do Carmo, que conhecia desde a Marangatu e que era gerente administrativo-financeiro da DBI. Apesar de a sociedade não ter dado certo, ter conhecido José Eduardo foi uma experiência muito interessante. Tive a oportunidade de trocar ideias com um empresário de alto nível, um dos maiores do Brasil.

Seis meses depois, o João Geraldo Raymundo, que eu havia levado para ser gerente comercial da DBI, foi demitido. Nós nos conhecíamos desde a faculdade e depois trabalhamos juntos na Defensa – além de, naquela época, ele ser casado com minha prima Cristina. Quando abrimos a distribuidora, fiz o convite para ele se mudar para a Bolívia, e ele aceitou. Depois de seu desligamento, fiquei com uma sensação de responsabilidade por tê-lo trazido para a empresa.

Naquele momento, eu e meus irmãos havíamos comprado 50% da Tecnomyl, fabricante de defensivos localizada em Villeta, cidade próxima a Assunção, e considerávamos distribuir os produtos também na Bolívia. João ficou no país e fundou conosco, como sócio minoritário, a AgroBolívia, em Santa Cruz de la Sierra, concorrente da DBI.

A nossa empresa foi uma das primeiras do país a vender agroquímicos genéricos produzidos pela Tecnomyl Paraguay e se tornou, em pouco tempo, uma das maiores e mais rentáveis comercializadoras no país vizinho. Crescemos quase 100% ao ano, chegando a ser uma das maiores empresas da Bolívia, com um *market share* de 10% a 12%. Já a DBI teve seu faturamento reduzido, foi vendida e hoje é uma empresa pequena, com participação insignificante no mercado.

Com os ganhos da distribuidora, começamos a diversificar os investimentos comprando propriedades rurais no país. O João, que mora lá até hoje, mapeava as oportunidades. Em 2004, eu e meus irmãos fundamos a Agropecuária Cerro Alto, após a aquisição de terras na fronteira da Bolívia com o Brasil. Para conhecer a fazenda adquirida, viajei de carro de Ciudad del Este à região de El Carmen Rivero Tórrez, próximo de Puerto Suárez, na Bolívia, perto da divisa com o Brasil, uma viagem de mais de 14 horas. Foi comigo um funcionário antigo e de muita confiança, o sr. Antonio Paes. O acesso para chegar à propriedade era somente por trilhas em estrada de terra, que estava cheia de poças de lama, porque havia chovido muito. Tivemos que usar um trator e fomos em pé atrás, num tipo de engate para os equipamentos agrícolas, chamado de terceiro ponto, segurando na capota do veículo. Para piorar, éramos atacados por borrachudos. Eu me segurava com uma das mãos e, com a outra, tentava espantar os insetos, sem sucesso. Estava usando uma camisa de manga comprida, que me protegeu, mas, mesmo assim, levei muitas picadas no rosto, no pescoço e, principalmente, nas mãos.

Começamos a atuar com a Tecnomyl no país, atendendo distribuidores, enquanto a AgroBolívia vendia diretamente para agricultores. Até 2016, mantivemos as duas companhias, quando decidimos encerrar as operações da AgroBolívia, que ainda era liderada por João Geraldo. O encerramento foi desastroso. A empresa tinha uma carteira de contas a cobrar muito grande, desproporcional ao seu tamanho, muitas sem documentação ou análise de crédito. Tivemos que abrir mais de uma centena de processos na Justiça para tentar receber parcialmente essas contas. Com o fim da empresa, consideramos saudável iniciar novos relacionamentos com clientes pela Tecnomyl Bolívia, que até hoje gera bons resultados com uma boa equipe de funcionários e é liderada pelo gerente administrativo da Tecnomyl Paraguay, Héctor Bogarín. Em paralelo, mantivemos ativa a agropecuária, ainda em sociedade com João Geraldo Raymundo. Trabalhamos com criação de gado nelore, plantações de milho e sorgo, usado para fabricação de ração animal, e, principalmente, soja.

Fundamos a Agropecuária Cerro Alto, na Bolívia, em 2004

EXPANSÃO AGRÍCOLA

Sempre preferimos investir em negócios que temos *expertise* para administrar, por isso compramos propriedades rurais também no Paraguai. Em 2007, para gerenciar esse ramo, fundamos a Agropecuaria Campos Nuevos. As primeiras compras de terra se deram na região central do país, em San Pedro, onde prevaleciam pastagens de gado de corte. Com a ocupação da agricultura no leste paraguaio, os produtores rurais buscavam novos terrenos, em direção ao centro, para expandir as plantações de soja e milho. Muitas dessas propriedades estavam com o solo degradado pela pecuária extensiva e eram vendidas por valores abaixo do mercado. Nós aproveitamos essa oportunidade. Anos depois, também investimos em terras na região de Concepción, a 400 km ao norte de Assunção, e no Chaco, no oeste do país.

Toninho em plantação de soja da Agropecuária Campos Nuevos, no Paraguai

Antes da Campos Nuevos, eu e meus irmãos havíamos adquirido terras no departamento[4] do Alto Paraná, na região de San Alberto, próximo a Ciudad del Este, na fronteira com o Brasil. Compramos de um chinês, chamado Lai Ching Tuen, que naquele momento morava em Los Angeles, nos Estados Unidos. Eram áreas com solos altamente férteis e chuvas bem-distribuídas ao longo do ano. Porém, essas terras haviam sido invadidas por campesinos, famílias de agricultores, muitas vezes, manipuladas por políticos mal-intencionados e que chamavam a região de Chino Cue, expressão em guarani que significa "foi de chineses". Para reaver nosso investimento, recorremos ao governo paraguaio, que nos propôs desapropriar as terras em favor das famílias em troca de terrenos no Chaco, a oeste do país, de solo arenoso e clima semiárido. Eram áreas boas para pecuária, mas pouco propícias à agricultura. Não era vantajoso, mas não tínhamos opção e, por isso, entramos em negociação com as autoridades federais.

---

4 Equivalente aos estados brasileiros.

O caso ganhou os jornais, com a imprensa questionando a legalidade da negociação, se posicionando de forma indireta contra o governo. Sem apresentar provas que justificassem qualquer suspeita, as reportagens insinuavam que estaríamos levando vantagem na troca e colocavam em dúvida a veracidade da documentação. Passamos a ter dois problemas: a recuperação do investimento e uma crise de imagem pública. Na Agrofértil e na Tecnomyl, as pessoas que lideravam as áreas responsáveis pelo relacionamento com os bancos ficaram preocupadas com o impacto sobre os negócios e insistiam para que entregássemos as terras sem receber nada em troca. Tivemos a assessoria do advogado Carlos Palacios, que nos ajudou muito nas tomadas de decisões, principalmente para nos mantermos firmes e não desistirmos diante das pressões da imprensa. Entendíamos que era o justo e sabíamos o que deveríamos fazer, pois havíamos comprado as terras, não tínhamos que perdê-las por pressão de matérias imprecisas que saíam nos jornais.

A cobertura distorcida do caso na imprensa durou meses e foi desaparecendo aos poucos, conforme nossa versão dos fatos passou a ser publicada. Apresentamos documentos que comprovavam a legalidade do negócio e, depois de muitos anos de negociação com o governo, em 2015, aceitamos as propriedades no Chaco como indenização, ainda que valessem muito menos do que as terras no Alto Paraná.

Em 2012, enquanto o presidente paraguaio Fernando Lugo passava pelo processo de *impeachment*, a então presidenta do Brasil, Dilma Rousseff, ameaçou pedir a retirada do país do Mercosul e da Unasul, União de Nações Sul-Americanas. Isso nos causou certa insegurança, pois tínhamos grande parte de nossos investimentos no Paraguai, e decidimos investir em terras brasileiras. Em pouco tempo, porém, mesmo com a destituição de Lugo, a relação entre os dois países voltou a ser amigável. Ainda assim, seguimos nas buscas de propriedades rurais no Brasil. Eu e meu irmão Toninho fomos, com nosso avião particular, um Bonanza monomotor, até Mato Grosso, na região do vale do Araguaia, próximo do estado de Goiás, de onde trouxemos diversas amostras de terra para análise de solos.

Nessa viagem, passamos duas semanas visitando fazendas que estavam à venda. Lembro que, em um sábado, quando voltávamos de uma visita com o corretor de imóveis, tivemos que atravessar uma ponte de madeira em péssimo estado de conservação. Já eram quase dez horas da noite, estava muito escuro e o risco de acidente era tão alto que eu e Toninho descemos para passar a pé, guiados pelo farol da caminhonete. Eu estava com muito medo e fui na frente, enquanto Toninho ajudava o motorista, apontando os melhores lugares para passar com o carro. De repente, algumas madeiras cederam e tive a impressão de que meu irmão havia caído no rio, porque gritei seu nome e ele demorou para responder. O susto foi grande. Terminamos de atravessar e rumamos para a cidade de São José do Xingu, no norte do estado. Ao chegar, fomos a uma das poucas lanchonetes da cidade, onde comemos pizza e tomamos cerveja.

Nessa mesma viagem, tivemos outro grande susto ao pousar com o monomotor em uma fazenda na cidade de Confresa, no Mato Grosso. Quando o avião estava próximo do solo, sem possibilidade de arremeter, percebemos que havia dezenas de porcos na pista. Por sorte, o barulho do avião assustou os animais, que deixaram o espaço livre para pousarmos com segurança. Foi um grande alívio.

Por causa de nossas agendas de compromissos das empresas no Paraguai, convidamos Fabiano Piccoli Ghellere, funcionário da Agrofértil, para pesquisar as propriedades no Brasil. Ele concluiu que as melhores oportunidades estavam na região Norte, devido ao regime de chuvas e à qualidade da terra, além de a logística de escoamento da produção ser mais barata e os preços das terras ainda não estarem valorizados. Foi assim que conhecemos a cidade de Redenção, no sul do Pará, próximo de Tocantins. A cidade foi colonizada principalmente por migrantes goianos e mineiros, que haviam adquirido as propriedades havia décadas para criação extensiva de gado e exploração de madeira e minérios. Muitos desses agricultores não tinham quem os sucedesse na administração das fazendas ou queriam levantar recursos para investir em outras regiões.

Um desses proprietários morava em Ituiutaba, no Triângulo Mineiro. Meus irmãos Paulo e Toninho haviam visitado a fazenda em Redenção e negociado com ele as condições para a compra. Eu o encontraria somente para formalizar o contrato. Voei até Uberlândia, que fica a duas horas de carro da cidade, já com a passagem de volta para o mesmo dia. Mas, quando cheguei, percebi que não seria tão rápido como eu gostaria. O agricultor, típico mineiro, estava sem pressa para tratar do assunto.

Depois de duas horas, nem tínhamos começado a falar sobre a compra das terras. Após nosso almoço, acordamos que ele visitaria o Paraguai para conhecer nossas estruturas. Entendi que ele queria estar mais seguro de que honraríamos os pagamentos, o que aconteceu poucas semanas depois. Dessa forma, concluímos a primeira compra de terras no Pará.

Quase ao mesmo tempo, outra negociação estava em andamento. Era outro mineiro, este de Belo Horizonte. Ele também nos visitou em Foz do Iguaçu e no Paraguai, ficou hospedado em nossa chácara, e negociamos por três dias. Finalmente, também fechamos a compra de parte de sua fazenda. Com essas duas propriedades, iniciamos nosso projeto da Agropecuária Cataratas. Posteriormente, adquirimos outras seis propriedades, sendo a última em 2023.

Chegamos ao Pará com o propósito de transformar o que era uma pastagem degradada em uma área altamente produtiva. Com investimentos, estudo do solo e das condições meteorológicas, uso de tecnologia, insumos de qualidade e conhecimento, estamos ajudando a mudar o panorama da região. Temos uma empresa lucrativa e investimos os ganhos na própria região, melhorando as estruturas das fazendas, corrigindo os solos e comprando novas áreas.

Em visita à Agropecuária Cataratas, no Pará, com Fabiano Piccoli Ghellere, gerente-geral (direita), e Cristiano Zafalon, gerente da fazenda Santa Ana (ao meu lado)

Hoje, em 2023, a Agropecuária Cataratas está entre as principais empresas agrícolas do Pará, com produção de cerca de 120 mil toneladas de soja e milho por ano. Ainda produzimos volumes menores de sorgo, feijão e gergelim. Fomos pioneiros em modernizar e inovar a agricultura local – as terras eram voltadas à pecuária extensiva –, e ainda construímos o primeiro silo de armazenamento de grãos da região, com 50 mil toneladas de capacidade estática e 3,5 mil toneladas de capacidade diária de recepção. O silo recebe a nossa colheita e a de outros agricultores. Para essa empreitada, temos 180 funcionários.

O Grupo Sarabia tem foco na produção de alimentos no geral. Além da agricultura, também temos negócios na produção de carne, com pecuária de corte nos três países em que atuamos. A criação de gado se dá tanto em áreas extensivas como em confinamento, tendo uma genética de alto padrão.

Sou agrônomo e tenho *feeling* para negócios agrícolas. Mas visitar nossas fazendas de pecuária, caminhar no meio de uma boiada e ver os milhares de animais juntos me dá uma sensação de crescimento. Principalmente porque me lembro do tempo em que morávamos no sítio em Ibiporã e tínhamos apenas algumas vacas para ordenhar.

Além da produção de grãos, também temos fazendas que se dedicam à pecuária

NOVO CENÁRIO

Eu vejo o futuro do agronegócio com muito otimismo. Acredito que seja o setor com maior estabilidade na economia, pois o ser humano precisa se alimentar – e o agro está na base da produção de todo alimento, *in natura* ou processado. O mundo tem hoje oito bilhões de habitantes, com previsão de que chegue a nove bilhões até 2037, segundo a Organização das Nações Unidas, a ONU[5]. Para alimentar a população, é preciso ter terra para ser cultivada e, nesse cenário, considero o Brasil privilegiado. Nosso país, com terras férteis e clima apropriado, é um dos principais produtores de alimento do mundo, usando apenas 8% de seu território com lavouras, preservando mais de 65% das terras.[6] O Paraguai e a Bolívia também utilizam pouco suas terras para a agricultura, apenas cerca de 12%[7] e 4%[8] da área total do país, respectivamente. Por isso, acho injusta a acusação de que o agronegócio prejudica o meio ambiente e considero que isso é dito por falta de informação. Muitos críticos do setor nunca vivenciaram o campo, não sabem como acontecem os ciclos de plantações. Além disso, a preservação do meio ambiente deve ser uma postura global, de vários setores da sociedade, inclusive da população urbana. Acredito que nós, do agronegócio, estamos fazendo a nossa parte.

A palavra "sustentabilidade" está na moda no mundo, apesar de muitas empresas e ONGs não saberem aplicá-la. Na minha opinião, sustentabilidade é produzir alimento para o ser humano da melhor forma possível. Sustentabilidade sem comida fica insustentável. Quando o homem começou a agricultura no mundo, para ter áreas para plantar precisou eliminar matas nativas. Naturalmente, isso causa um desequilíbrio, que permite a proliferação de insetos, fungos,

5 Como referência, veja "População mundial atinge 8 bilhões de pessoas". ONU, 15 nov. 2022. Disponível em: https://news.un.org/pt/story/2022/11/1805342#:~:text=De%20acordo%20com%20a%20ONU,de%2015%20anos%2C%20em%202037.

6 Como referência, veja "Síntese ocupação e uso das terras no Brasil". Embrapa, 2020. Disponível em: https://www.embrapa.br/car/sintese#:~:text=podem%20ser%20consideradas%20como%20conservação,14.

7 Como referência, veja "Tierras cultivables (% del área de tierra) – Paraguay". Banco Mundial. Disponível em: https://datos.bancomundial.org/indicador/AG.LND.ARBL.ZS?locations=PY.

8 Como referência, veja "Tierras cultivables (% del área de tierra) – Bolivia". Banco Mundial. Disponível em: https://datos.bancomundial.org/indicador/AG.LND.ARBL.ZS?locations=BO.

bactérias e ervas daninhas. Essa consequência é natural e esperada e, para controlar essas pragas e doenças, garantindo a produção, é preciso usar defensivos – da mesma forma que nós, seres humanos, tomamos remédios quando estamos doentes. Como fabricante e distribuidor de defensivos agrícolas, não me sinto um explorador da natureza. Pelo contrário, tenho orgulho de fazer parte de uma cadeia de produção vital para a sobrevivência humana, que coloca alimento todos os dias na mesa das pessoas.

Sinceramente, não vejo possibilidade de produzirmos alimentos em larga escala, para abastecer mais de oito bilhões de pessoas, sem o uso de defensivos. Obviamente, devemos usar produtos com a menor toxicidade possível e que gerem o mínimo de resíduos na natureza. Nesse sentido, a tecnologia vem avançando bastante. Diversos produtos usados nas décadas de 1970 e 1980 já foram substituídos por outros menos agressivos. É importante lembrar, também, que os defensivos se decompõem naturalmente, alguns deles, em poucas semanas. Para termos alimentos com menos defensivos químicos, temos avançado no desenvolvimento de plantas com biotecnologia e produtos biológicos.

Buscar soluções para a lavoura é um objetivo nosso, pois fazemos pesquisas constantemente para descobrir produtos que controlem possíveis novas pragas, doenças ou ervas daninhas. Assim como quando surgiu a Covid-19 e não havia um método de controle estudado, na agricultura, de tempos em tempos, surgem novas doenças que precisam ser combatidas. Um exemplo histórico aconteceu na Irlanda, entre os anos de 1845 e 1849, com um dos principais alimentos da população: a batata. Naquela época, surgiu uma doença chamada míldio, causada pelo fungo *Phytophthora infestans*, que dizimou as plantações do país. Estima-se que um milhão de pessoas morreram de fome na Irlanda, o que representava quase 12% da população na época. Isso porque, diferentemente de hoje em dia, não existiam defensivos que controlassem o míldio com eficiência. Esse é apenas um caso entre muitos outros que já ocorreram no mundo envolvendo grandes perdas na agricultura e que causaram catástrofes relacionadas à fome.

O agronegócio será sempre muito importante, porque a população mundial continua crescendo, e a produção de alimentos precisa acompanhar esse crescimento. A tecnologia é uma grande aliada no desenvolvimento dos insumos e da biotecnologia, para produzir mais no mesmo terreno e para fazer o melhor uso da terra. Desde que iniciamos a Agrofértil no Paraguai, há 30 anos, até hoje em dia, a produtividade de soja por hectare quase dobrou. Acredito muito na replicação desse caminho, porque há muita propriedade subaproveitada. Basta olhar para o que estamos realizando no Pará, onde transformamos pastagens que abrigavam menos de um boi por hectare em plantações que produzem dez toneladas de grãos por hectare ao ano. O desenvolvimento tecnológico no agronegócio – e em qualquer setor – não tem volta, e aqueles que conseguirem usar a inovação para aumentar a produtividade vão prosperar.

PRA QUE TANTO?

Meu pai, às vezes, me pergunta: "Pra que tanto?". Ele não tem a dimensão exata do Grupo Sarabia, mas sabe que crescemos muito mais do que poderíamos prever. Não tenho resposta para essa pergunta. Mas sei que o empreendedor não pode ter limites para crescer. É dessa forma que se desenvolvem as empresas e, consequentemente, os países em que elas estão inseridas. Independentemente do objetivo financeiro de cada companhia, os empreendedores têm um grande papel em um país, pois geram empregos, pagam impostos e ajudam a formalizar a economia.

Em 1993, quando iniciamos a Agrofértil no Paraguai, não gerávamos emprego e quase não pagávamos impostos. Após tudo o que empreendemos, em 2022, o Grupo Sarabia foi o maior pagador de imposto de renda do Paraguai, superando estatais e empresas de petróleo. Na comparação com as companhias privadas, as três empresas do grupo no país, Agrofértil, Tecnomyl e Agropecuaria Campos Nuevos, pagaram quase duas vezes mais IR do que a Cervepar S.A., da Ambev, a segunda colocada, e mais que o dobro de impostos do que o Banco Itaú S.A., um dos maiores do país. Tudo o que empreendemos no país ajuda a gerar empregos e provê recursos para a sociedade.[9]

No Paraguai, fazemos nossos investimentos comprando propriedades rurais por meio de corretores, que nos colocam em contato com os

---

9 Como referência, veja "Estadísticas generales". Dirección Nacional de Ingresos Tributarios. Disponível em: https://www.set.gov.py/web/portal-institucional/estadisticas.

vendedores, mas, algumas vezes, somos procurados por bancos que querem se desfazer de bens que receberam como pagamento de dívidas. Oferecem propriedades rurais com financiamentos tão longos que, muitas vezes, pagamos o empréstimo com o rendimento da própria área – compramos, em 2022, uma grande propriedade no Paraguai dessa forma.

Raras vezes recebemos propriedades de clientes inadimplentes, que não conseguem pagar o financiamento dos insumos. Fazemos de tudo para que isso não aconteça, facilitando as condições de pagamento para que o agricultor se restabeleça e volte a produzir. Chegamos a refinanciar dívidas em até sete anos e, em casos extremos, em até dez anos. Infelizmente, nem sempre conseguimos. Nesses casos, a empresa recebe a propriedade, que é vendida para o dinheiro ser investido no capital de giro.

Nosso foco sempre foi a compra de imóveis rurais, mas, cerca de um ano após o início da pandemia de Covid-19, recebemos uma proposta para adquirir uma participação majoritária do hotel San Martin, um dos mais tradicionais de Foz do Iguaçu. Por coincidência, foi onde me hospedei em um dos meus primeiros treinamentos quando trabalhava na Defensa. Com as medidas de isolamento, o setor de turismo estava debilitado, e o hotel, sem receita havia meses. Uma das famílias, de um empresário argentino que estava no negócio desde 1979, quis deixar a sociedade, dividida com o sr. Santo Salvatti, conhecido empresário do segmento hoteleiro na cidade e cliente da Agrofértil no Paraguai. Lamentavelmente, quando concretizamos o negócio, Salvatti pegou Covid-19 e veio a falecer. Não tive o prazer de estar com ele na gestão do hotel, que seguimos compartilhando com seus filhos.

Para avaliar a compra, contratamos a Alpax, assessoria financeira especializada em fusões, aquisições e captação de recursos, com quem trabalhamos há muitos anos. Foram eles que abriram as portas dos bancos internacionais para a Agrofértil.

O relatório final da assessoria recomendou a compra, considerando o valor do terreno de 11 hectares em uma região privilegiada, próximo da entrada do Parque Nacional do Iguaçu e das cataratas. A construção antiga precisava de restauração, e aproveitamos para modernizar o espaço. Também fizemos o reposicionamento da marca, que passou a ser Sanma Hotel, e assinamos parceria com uma rede administradora de hotéis.

Foi uma surpresa descobrir que o San Martin tinha um acervo de obras de arte, arrematadas por Salvatti na década de 1980. A exposição permanente delas foi inaugurada em 2022 e reúne trabalhos dos artistas plásticos brasileiros Aldemir Martins e Kennedy Bahia, além da argentina Maria Cecilia Wagner, com foco nas narrativas da mitologia da região das Cataratas do Iguaçu.

Quando compramos parte do Hotel Sanma, modernizamos suas instalações e reposicionamos a marca

Hoje em dia, algumas vezes, me lembro da primeira vez que estive no Sanma Hotel, como funcionário da Defensa, e fiquei encantado com a grandiosidade do hotel. Nunca imaginei que, anos depois, eu seria um de seus donos.

Durante todos esses anos, também fiz investimentos em imóveis urbanos. Comprei alguns com meus irmãos Paulo e Toninho e, para administrá-los, criamos a MPA, em referência às iniciais dos nossos nomes. Já os imóveis que adquiri sozinho são administrados pela JMS Investimentos Imobiliários. Os dois negócios são gerenciados por Rafael Antonio, que também é responsável pelo financeiro da Agropecuária Cataratas e da Tecnomyl Brasil. Ele é nosso funcionário de extrema confiança e, por acaso, irmão do Adilson.

CAPÍTULO 6

Verticalização do negócio

Em 1999, a Agrofértil distribuía as principais marcas das multinacionais de insumos no Paraguai, como Monsanto, Merck Sharp, Cyanamid e Serrana. Mas também havia a Tecnomyl, que produzia defensivos agrícolas com a marca da Agrofértil, sua principal distribuidora e responsável pela venda de aproximadamente 50% de sua produção. A Tecnomyl havia sido fundada em 1991 pelo argentino Aníbal Mochi, em sociedade com três famílias paraguaias: Díaz de Espada Bibolini, Martínez Vargas e Seppe Modiga.

Segundo Aníbal, o relacionamento entre os sócios não era bom, e a empresa estava financeiramente mal, pois havia muitos clientes inadimplentes e nenhuma previsão de recebimento das dívidas. Além disso, as três famílias paraguaias não conheciam o mercado do agronegócio, pois tinham foco em outras atividades na área de bens de consumo. Aníbal considerava sair do negócio e, naquele ano, estava se mudando para a cidade de Córdoba, na Argentina.

O parque fabril tinha apenas uma linha de produção, que ocupava um galpão de 900 m² em Villeta, importante polo industrial e logístico à beira do rio Paraguai, a 40 km de Assunção. Ao todo, a área do terreno era de três mil m² e contava com um laboratório químico simples, de aproximadamente 60 m². Naquele momento, eu não previa que a empresa chegaria ao tamanho de hoje, mas tinha convicção de que a fábrica precisava crescer.

Fábrica da Tecnomyl em Villeta, perto de Assunção, quando entramos na sociedade, em 2000

Na época, eu vinha observando o mercado de produtos pós-patente, que explora a produção de substâncias após o término do período de exclusividade garantido pela patente. Nesse segmento, a Tecnomyl atuava como formulador: importava matéria-prima, insumos e embalagens e criava produtos com sua própria marca ou de terceiros, como a Agrofértil. Para mim estava claro que era uma alternativa de crescimento sem depender de contratos com as multinacionais, donas das patentes, além do acesso direto ao fabricante, sem a figura do intermediário.

Depois de algumas conversas com meus sócios Paulo, Braga e Humberto, no ano 2000, compramos os 54% pertencentes às três famílias paraguaias. Para dividir a nova sociedade igualmente entre as duas partes, cedemos a Aníbal os 4% que tínhamos a mais. No início, tivemos receio de que a operação afastasse clientes da Tecnomyl, já que ela também fornecia insumos para outras revendedoras, concorrentes da Agrofértil. E, de fato, no começo, perdemos algumas contas, mas nada que não recuperássemos em pouco tempo.

Quando efetivamos a compra, levamos os 21 funcionários da Tecnomyl para Foz do Iguaçu. A viagem incluiu passeios turísticos e, depois, uma visita à sede da Agrofértil, em Ciudad del Este. Nosso objetivo era conhecer as pessoas e nos aproximar delas, além de compartilhar nossa visão de negócios.

PRIMEIRO SALTO

Para liderar o escritório da Tecnomyl, convidei Zulmar do Carmo, ex-funcionário da Marangatu que estava na Bolívia como gerente na DBI. Ele havia me telefonado para contar seu plano de voltar para Ciudad del Este quando terminasse seu contrato com a distribuidora, no fim daquele ano. Sugeri que antecipasse o retorno e se mudasse para Assunção, assim teríamos alguém com *know-how* na direção dos negócios. Desde o momento da compra, liderar a Tecnomyl fez parte das minhas principais atividades. A Agrofértil ainda demandava muita dedicação, mas precisei dividir meu tempo para atuar na gestão das duas empresas. Além disso, Aníbal ficava na Argentina e vinha poucas vezes por ano ao Paraguai, o que tornava a administração da empresa muito dependente dos irmãos Sarabia – eu, Paulo e Humberto, naquela época.

Buscamos recursos das mais diversas fontes para financiar os distribuidores, para que eles pudessem, assim, financiar os agricultores, como fazia a Agrofértil, ao mesmo tempo que demos início às obras da primeira expansão da fábrica. Desde o início, ao planejar um investimento, pensávamos na capacidade de produção necessária para o dia em que entrássemos no mercado brasileiro. No início dos anos 2000, ainda era um grande sonho, e haveria muitas dificuldades a serem enfrentadas para alcançá-lo.

Aproveitamos ao máximo os funcionários, designando novas funções e adequando o pessoal ao novo perfil da empresa. Os poucos que quiseram se desligar após as mudanças logo foram repostos, e fizemos contratações para a linha de produção, sob a liderança do gerente Miguel Echauri, e para o escritório, com o apoio de Zulmar. Algumas contratações eu fiz pessoalmente, como a de Alfeu Campos, que chegou em 2006 para atuar no marketing. Ele havia trabalhado na Argentina para uma multinacional que a Agrofértil representava no Paraguai. Alfeu levou alguns dias para acreditar que o investimento em uma fabricante de insumos naquele país daria certo. Fizemos algumas rodadas de conversa e, quando mostrei nosso potencial e nossos planos, ele se convenceu. Nos últimos sete anos, foi gerente de compras – *supply manager* –, responsável pela negociação de compras de matérias-primas. Recentemente, passou a ser gerente de portfólio, responsável por contatar fornecedores e buscar novos produtos.

Eu também me dedicava à parte comercial, atento à demanda e às tendências do mercado. Trabalhava em parceria com Aníbal e tinha acesso às novidades dos fornecedores das matérias-primas dos defensivos na Índia e, principalmente, na China. Em dez anos, passamos de 21 para 300 funcionários e ampliamos o parque industrial para 18 mil m² de área construída. Com novas linhas de produção, aumentamos o portfólio da Tecnomyl, com destaque para o desenvolvimento de novos produtos. Com uma excelente equipe de químicos no laboratório e de agrônomos na pesquisa de campo, criamos mais de cem produtos com grande eficiência. Nosso material competia com o de grandes multinacionais e com o que era formulado na China e importado para o Paraguai.

Por ser uma empresa pequena, eu estava muito próximo de todos, mesmo ficando em Ciudad del Este. A equipe sempre teve liberdade para falar comigo, o que ajudou a dar velocidade às mudanças tanto na fábrica como no escritório. Meu método de controle das operações é bastante informal. Quando chega a mim alguma informação que me soa estranha, incoerente e parecendo fofoca, procuro me inteirar para entender de onde ela surgiu ou o que está por trás do meu estranhamento. Na maioria das vezes, são mal-entendidos que resolvemos apenas com uma boa conversa. Assim, mantenho excelente relacionamento com os funcionários. Uso essa estratégia tanto na Tecnomyl como nas outras empresas do grupo.

No início, essa forma de lidar com a equipe me ajudou a conhecer melhor as pessoas, além de me aproximar delas. Gosto de uma brincadeira, de relações de amizade no trabalho. Ainda hoje, mesmo com os quase dois mil funcionários que atuam no Grupo Sarabia, não imponho barreiras de acesso. Com a expansão da Tecnomyl e da Agrofértil, tivemos que criar algumas camadas hierárquicas, como é natural, mas não deixamos que atrapalhem as relações entre as pessoas e, principalmente, a velocidade dos negócios.

Também apoiamos o desenvolvimento dos funcionários. Quando Ronald Duarte decidiu fazer uma especialização na Austrália, em 2014, pediu demissão, mas não teria trabalho no país e ficaria sem renda durante o período do curso. Optamos por mantê-lo em nosso quadro, atuando no modelo de *home office* durante os quatro anos da especialização. Como ele era da contabilidade e finanças corporativas, não houve impacto por causa do fuso horário. Ao retornar, ele continuou na empresa e, atualmente, está na controladoria.

Hoje, nas empresas do grupo, temos mais de 700 profissionais que cursaram nível superior, entre engenheiros agrônomos, químicos ou industriais, administradores de empresa, contadores, advogados e outros.

Em 2013, patrocinamos a camisa do Club Olimpia, um dos principais times de futebol do Paraguai, na final da Copa Libertadores da América daquele ano, contra o Atlético Mineiro. A Magali, que hoje está na Agrofértil, trouxe essa ideia, sabendo que gosto de futebol e que o investimento representava uma economia. O valor para colocar o logotipo da Tecnomyl na camisa dos jogadores durante as duas partidas, em Assunção e em Belo Horizonte, era o equivalente ao de cinco propagandas de um minuto por jogo durante o torneio.

Se fosse campeão, o Olimpia disputaria o Mundial de Clubes no Marrocos, e teríamos outra oportunidade para divulgar o nome da Tecnomyl, mundialmente. Cheguei a ficar animado com essa possibilidade depois de os paraguaios vencerem os brasileiros por 2 a 0, mas, no segundo jogo, em Belo Horizonte, o Atlético Mineiro fez um gol aos 40 minutos do segundo tempo, o que levou a decisão para a prorrogação, depois, pênaltis, e foi campeão.

Não era o melhor momento para investirmos em marketing, mas era o *timing* do jogo, e não haveria outra oportunidade. Javier, gerente administrativo financeiro da Tecnomyl, cuidou da papelada e assinou o cheque de pagamento do nosso apoio ao time. Imagino que deva ter sido difícil, já que ele é torcedor do Cerro Porteño, o principal adversário do Olimpia. Até hoje, eu brinco que ele pode ficar tranquilo, porque, quando o Cerro for para a final da Libertadores, vamos patrocinar também pelo mesmo custo – embora as chances de o time chegar a uma final sejam baixas.

INTERESSES DIVERGENTES

Em 2006, iniciamos a construção de uma moderna fábrica na Argentina, similar à que tínhamos no Paraguai, aproveitando incentivos fiscais em Río Grande, na província de Tierra del Fuego, no extremo sul do país. Nessa época, na região, havia um porto em Ushuaia que facilitava o transporte para a importação de matérias-primas. Eu e Aníbal estávamos à frente das obras e da criação da empresa na Argentina. Em 2008, iniciamos a contratação de 80 funcionários.

Nosso plano era iniciar a comercialização em 2009, mas dificuldades jurídicas, provocadas pela empresa concorrente Atanor, nos impediam. Durante esses anos, mantivemos a estrutura da fábrica e os gastos mensais sem gerar receita, o que foi prejudicando a situação da empresa. Em 2010, não víamos nenhuma possibilidade de destravar nossos processos legais e, sem outra opção, fomos obrigados a negociar a venda de 51% da Tecnomyl Argentina para a própria Atanor. Entretanto, a companhia estava com sérias dificuldades financeiras e não nos pagou pela parte vendida – que já havia sido negociada por um preço abaixo do valor de mercado. Dessa vez, nós, da Tecnomyl, entramos na Justiça contra a Atanor. Somente em 2011, conseguimos falar diretamente com o dono da empresa, um norte-americano chamado Dennis Albaugh. Em uma cordial reunião com ele em Buenos Aires, Albaugh nos disse que não tinha conhecimento da compra da Tecnomyl e nos devolveu as ações amigavelmente.

No ano seguinte, quando imaginávamos que, enfim, iniciaríamos os negócios, o governo da Argentina dificultou a saída de dólares. Para as empresas conseguirem importar, precisavam de uma autorização estatal chamada DGAI, e o principal critério para obtenção desse documento era baseado nos volumes importados nos anos anteriores. Como não tínhamos histórico, não conseguimos autorização para importar. Nesse momento, nosso prejuízo causado pela estrutura que mantínhamos no país era de aproximadamente cinco milhões de dólares por ano. Os bancos passaram a exigir o meu aval para que a Tecnomyl Argentina tivesse crédito, o que colocava em risco o patrimônio da família.

Embora eu me incomodasse com a situação da empresa, nosso sócio, Aníbal, não tinha a mesma preocupação. Tentei convencê-lo a desistir do investimento na Argentina, mas ele se mostrou irredutível.

Para levantar capital em algum banco, nós, os sócios, colocávamos nosso patrimônio como garantia, e eu percebia que o risco aumentava a cada ano. Não cogitava perder tudo o que havíamos construído no Paraguai. Além disso, nossas diferenças de perfil como executivos começaram a atrapalhar a tomada de decisão. Percebendo que a situação se aproximava do insustentável, em 2013, eu e meus irmãos comunicamos nossa decisão de desfazer a sociedade. Aníbal tentou nos convencer a prosseguir e aguardar o melhor momento para vender a empresa, mas nossa decisão estava tomada.

Com esse impasse, precisamos trazer um terceiro agente para mediar as negociações de forma imparcial. Contratamos a consultoria da Alpax, que, com seus cinco escritórios, um dos quais em Assunção e outro em Buenos Aires, nos assessorou para fazer a avaliação das duas unidades. No Paraguai, fomos atendidos por Martin Peters e, na Argentina, por Fernando Garino.

A partir da avaliação da empresa e dos objetivos de cada sócio, chegamos a uma proposta de divisão que atenderia a todos: Aníbal ficaria com a unidade argentina, que era a fábrica em Río Grande, e os irmãos Sarabia, com a fábrica em Villeta, além das operações na Bolívia, no Brasil, no Uruguai, na Colômbia e no México, onde tínhamos apenas iniciado registros para comercialização. Pelo acordo, nós pagaríamos a diferença em dinheiro a Aníbal, que ficou com a empresa de menor valor, em Tierra del Fuego. Descrevendo agora, dez anos depois, parece que o processo foi simples, mas me lembro até hoje da dificuldade pela qual passamos. Foram muitas rodadas de intensa negociação, algumas vezes contaminadas pelo fator emocional de ambos os lados. O Martin e o Fernando, da Alpax, souberam contornar as situações mais delicadas e, ao final, o resultado foi positivo, pois conseguimos fazer o acordo de forma amigável.

Mesmo com a separação, as duas empresas seguiram usando a mesma marca. Em 2023, contratamos uma consultoria para mudar a identidade visual da Tecnomyl e diferenciá-la da empresa argentina. A marca é muito forte no Paraguai, onde somos líderes em agrodefensivos. Ainda compartilhamos com Aníbal o escritório na China, responsável pelas relações comerciais com os fornecedores de matérias-primas. Quando fizemos a divisão da sociedade, não consideramos os negócios no país asiático, porque não afetavam diretamente nossa operação no Paraguai, mas planejamos separar essas atividades no futuro.

Essa poderia ter sido a história de um brasileiro, sócio de um argentino no Paraguai por 14 anos, com final feliz. Mas não foi o que aconteceu. Quando separamos os negócios, em 2014, adquirimos uma grande dívida com Aníbal, que seria paga nos três anos seguintes, pois o valor da Tecnomyl Argentina era inferior ao da Tecnomyl Paraguai. Fizemos os pagamentos rigorosamente nas datas de vencimento até 2017, como combinado. Após a quitação, fomos surpreendidos com duas ações de Aníbal contra nós: uma civil, cobrando por supostas irregularidades dos valores da venda das ações, e um processo penal. Os argumentos usados eram repletos de mentiras e acusações falsas. Aníbal alegou, ainda, que quando tomou a decisão de vender suas ações estava com problemas psicológicos e emocionalmente despreparado. Ele tentou comprovar sua tese com atestados de uma psicóloga e de um psiquiatra. Curiosamente, ele só reclamou dessas condições depois que já havíamos feito o pagamento estabelecido em nosso acordo. Em 2022, eu e meus irmãos ganhamos os dois processos, encerrados naquele ano. Não falo nem tenho qualquer relação com Aníbal atualmente. A linda história da criação da empresa que hoje é líder no mercado paraguaio se transformou em decepção para mim, com a postura dele no final.

NEGÓCIOS NA CHINA

Quando compramos metade da Tecnomyl, passei a acompanhar Aníbal nas viagens anuais à China para visitar fornecedores. Ele era responsável pela produção, tinha conhecimento técnico para negociar, além de entender bem o mercado e estar a par do custo dos princípios ativos. Nesse período, eu sabia pouco sobre as transações com os chineses e, às vezes, nem era copiado nos e-mails. Com a separação da sociedade, assumi o papel de comprador e passei também a coordenar os processos de registros de produtos nos países onde planejávamos entrar para vender.

Hoje, acompanho a negociação da maioria dos produtos, principalmente os de maior faturamento, em que um percentual pequeno no valor da compra representa um grande montante na margem de lucro. Eu conto com o conhecimento de Helena Donne, executiva chinesa e chefe do nosso escritório em Nanjing. Ela conhece o valor dos componentes usados na fabricação dos produtos que importamos e, com essa informação, sabe o custo de produção do fabricante. Esse dado é muito importante porque me dá parâmetros para entender o limite da negociação. No mais, eu foco o relacionamento com o parceiro, a minha experiência como vendedor e a preparação antes de qualquer encontro. Na China, por exemplo, nunca vou a uma reunião sem ter lido a ata do ano anterior.

No início, minhas viagens à China eram uma grande aventura. A primeira foi em 2001. Entre sair de casa e chegar ao hotel foram mais de 40 horas. Além disso, eu tinha que me adaptar ao novo fuso – estava 12 horas à frente. Sentia dificuldade para dormir, mas, depois de uma semana, consegui me acostumar. A barreira inicial foi o idioma, porque não falo inglês e, nas empresas que visitamos, também era raro alguém falar – e mais raro ainda era encontrar um falante de português ou espanhol. Hoje, são muitos os que falam inglês. Nas reuniões de trabalho, a equipe da Tecnomyl me acompanha e faz a tradução, mas, para as coisas do cotidiano, como comprar uma água ou pedir o jantar no hotel, preciso me virar. Fico bem sozinho e nunca passei por constrangimento, mas prefiro ter alguém que me ajude, como a Nati Xue, nossa funcionária chinesa. Ela fala muito bem inglês e espanhol, além do mandarim. Tudo se resolve muito mais rapidamente quando ela nos acompanha nas viagens.

Tenho certeza de que dominar o inglês teria feito diferença nos negócios. Tanto que, hoje, exigimos que todos os membros da segunda geração da família – que vão nos suceder na liderança do grupo – saibam o idioma. Ser fluente em inglês, além de dar mais agilidade à comunicação nas relações internacionais, impõe certo respeito. Sei que meus parceiros internacionais me respeitam, mas, se eu falasse inglês, eles teriam consolidado a imagem que têm de mim desde o primeiro contato.

Nos restaurantes, enfrentei um pequeno desafio: nunca dominei a arte de comer com *hashis*, os tradicionais palitinhos usados como talheres nos países asiáticos. Por isso, sempre pedia faca e garfo. Uma vez, em uma cidade do interior, pedi o talher ocidental, mas demoraram para me trazer. Quando chegou, entendi o motivo: recebi um canivete aberto e uma colher. Acabei me virando e aproveitei minha refeição daquela maneira, mas, a partir de então, passei a levar meus próprios talheres na mochila.

Na maioria dos restaurantes, era comum encontrar uma variedade de temperos, como o *shoyu*, que conferiam aos pratos um aroma intenso e um sabor distinto do que eu estava acostumado. Em um deles, os peixes e camarões do cardápio ficavam vivos em aquários e havia até cobras, que poderiam ser consumidas. O nosso fornecedor acabou pedindo esse prato e, mesmo com alguma hesitação, eu também provei.

Todos os anos, visito a China para me encontrar com fornecedores, participar de eventos e me reunir com a equipe local da Tecnomyl

Percebi que os chineses têm o costume de fazer pedidos em grande quantidade nos restaurantes. Presenciei jantares com 12, 15, até 20 pratos diferentes, que ficam em uma mesa redonda giratória. Eles sempre me incentivam a experimentar cada uma das opções. A generosidade em relação à comida é notável, e eles demonstram alegria quando percebem que gostamos dos pratos servidos. Certa vez, pediram uma sopa de passarinho, que vinha com a cabeça do animal visível por cima do caldo. Para não ser indelicado, eu provo algumas das comidas, mas minha preferência sempre foi arroz e algum tipo de carne. Quando eu tenho tempo livre, gosto de visitar feiras populares de comida, para conhecer as iguarias locais. Em algumas cidades, achei curioso o espetinho de grilos assados.

Outro fator que me chamou a atenção, no início dos anos 2000, foi a falta de cuidado com controles ambientais, que, nessa época, nas visitas às fábricas, era visível. Com o tempo e o avanço das tecnologias, a maioria das empresas chinesas se modernizou e se adaptou às exigências internacionais de controle e tratamento de resíduos.

Viajei durante mais de 20 anos para a China e observei como o país se transformou. No início, ia muito a Nanjing e sempre ficava no mesmo hotel. Um ano depois da primeira viagem, ao voltar para lá, disse à nossa gerente na China que aquele não era o hotel em que havíamos ficado no ano anterior. Ela insistiu que era o mesmo. Os arredores estavam muito diferentes, envoltos por uma grande quantidade de prédios, mas nossa gerente tinha razão. Foi quando percebi como o país crescia em ritmo acelerado e havia obras por toda parte.

O desenvolvimento industrial é fascinante. O governo, em décadas passadas, criou uma grande quantidade de universidades e centros

Aproveito para conhecer o país, como a Muralha da China ou as ruas de Xangai

científicos e buscou fomentar a indústria em diversos segmentos. Na área agrícola, eles desenvolveram tecnologia para produzir máquinas, fertilizantes e defensivos. Quando um defensivo está para perder a patente, eles já se preparam para iniciar a produção do próximo, tudo com muita rapidez.

Os processos industriais chineses são verticalizados, dependem pouco de matérias-primas de outros países. Os parques fabris são enormes e, na área de defensivos agrícolas, a China é a maior exportadora, com aproximadamente 2 mil plantas industriais de defensivos, enquanto o Brasil, mesmo sendo o maior consumidor do mundo, tem pouco mais de 25 unidades de produção.

Em maio de 2023, fui à China depois de três anos sem visitar o país, por causa da pandemia. Voltar ao lugar onde teria começado a Covid-19 me provocou sensações difíceis de descrever. Ao mesmo tempo, fiquei positivamente impressionado com a evolução das cidades e o crescimento da capacidade produtiva das empresas chinesas. Estou convencido de que o agronegócio depende da China para produzir alimento para a população mundial. O país é disparado o maior produtor de defensivos agrícolas e de insumos para a produção destes, exportados para fabricantes do mundo todo – o que é muito importante para todos os países produtores de alimentos. Por outro lado, é preocupante que a produção global de alimentos seja dependente de um só país.

SEGUNDA EXPANSÃO

Concluída a separação da Tecnomyl, em 2014, voltamos aos investimentos na fábrica em Villeta e à ampliação das linhas de fabricação. Conseguimos dar maior velocidade ao desenvolvimento de novos produtos e renovar o portfólio em pouco tempo. Mas a principal vantagem foi passarmos a tomar decisões sozinhos, o que nos garantiu agilidade. O crescimento das duas empresas, Tecnomyl Paraguai e Agrofértil, foi acelerado depois desse ano. Olhando para trás, diria que o principal fator que influenciou essa velocidade de expansão do Grupo Sarabia foi essa separação.

Até 2016, a Tecnomyl produziu exclusivamente defensivos agrícolas, e então passou a incorporar a produção de fertilizantes líquidos. Acompanhando essa expansão, contratamos mais pessoas e, hoje, temos 460 funcionários somente na unidade fabril, todos paraguaios. Tivemos o cuidado de construir uma empresa mantendo na fábrica a cultura local, mesmo com sócios brasileiros.

Triplicando a área comercial com novos vendedores, aumentou a pressão sobre a equipe de vendas da Agrofértil, já que as duas empresas concorrem no mesmo mercado, ainda que a Tecnomyl tenha foco em distribuidores, silos, cooperativas e alguns grandes agricultores, enquanto a Agrofértil está focada na venda a agricultores e, em menor quantidade, a distribuidores e cooperativas.

Desde o início, quando compramos a Tecnomyl, eu tinha convicção de que a fábrica precisava crescer

A Tecnomyl é uma empresa de pesquisa pós-patente. Nossa estratégia é inovar em formulações, melhorando as originais ou misturando princípios ativos e criando produtos. Com isso, conseguimos agregar valor ao produto final. Gosto de usar o exemplo da dipirona e do paracetamol, dois fármacos conhecidos para dor e febre. Quando associo os dois, crio um terceiro medicamento. Acontece o mesmo com os produtos para a lavoura, e são poucas as empresas de agroquímicos que atuam nesse segmento. A maior parte fabrica genéricos reproduzindo a fórmula que perdeu a patente. Mas, quando criamos uma formulação, oferecemos ao consumidor um produto melhor por um preço compatível com sua qualidade e, assim, conseguimos uma margem de lucro maior do que se apenas copiássemos a fórmula original. São inovações com misturas de moléculas, que criam produtos inéditos em âmbito mundial. Na maioria dos casos, os concorrentes da

Tecnomyl copiam essas formulações e, a cada dois anos, temos que colocar novos produtos no mercado para nos diferenciar.

A inovação é um dos pilares que consideramos fundamentais, assim como o controle de qualidade, que começa na origem das matérias-primas. Na fábrica, qualquer produto técnico que recebemos deve passar por verificação antes de ser usado, e toda a produção é avaliada antes de sair para entrega. É muito difícil que um produto nosso chegue ao cliente sem estar na especificação técnica adequada. Da mesma forma, cuidamos da segurança nos processos industriais e nunca tivemos acidentes graves na produção.

Outro pilar importante é o treinamento e a motivação dos funcionários. Tradicionalmente, realizamos nossas convenções, quando levamos muitos funcionários a lugares turísticos. Tecnomyl e Agrofértil já fizeram, no Brasil, convenções em Foz do Iguaçu, Rio de Janeiro, Salvador, Costa do Sauípe, Fortaleza, entre outros. Na Argentina, fomos para Buenos Aires, Córdoba, Mendoza, Bariloche e Ushuaia. Sediamos nosso evento no Caribe – em Cancún, no México, e em Punta Cana, na República Dominicana – e na Colômbia – em Cartagena. Nosso propósito nesses encontros é alinhar os objetivos da empresa com todas as lideranças e áreas comerciais, além de realizar treinamentos. É também uma forma de presentear os funcionários com uma viagem para um lugar com atrativos de lazer.

O terceiro pilar que valorizamos é a capacidade produtiva para atender à demanda do mercado. Hoje, nossa indústria tem dez linhas de produção, instaladas em galpões separados que totalizam 40 mil m² de área construída. Algumas possuem reatores com volume de até 45 mil litros – antes, quando a empresa começou, eles tinham cerca de 4 mil litros. A fábrica tem estrutura para produzir anualmente até 90 milhões de quilos/litros[10] de produtos formulados em suas diferentes apresentações: líquidos, fluidos e grânulos. Podemos produzir aproximadamente 400 mil quilos/litros por dia.

Recentemente, percebemos a tendência mundial de produzir alimentos com menos defensivos agrícolas, que são substituídos por produtos biológicos, produzidos com fungos, bactérias e materiais vegetais. Observando esse movimento, inauguramos uma fábrica no final de 2023, exclusivamente dedicada a produtos biológicos. O novo galpão,

---

10 Indica a soma dos volumes dos produtos medidos em quilos e dos produtos medidos em litros.

com isolamento térmico nas paredes, foi projetado com espaço para ser aumentado, pois acredito que essa é uma tendência no agronegócio. A sociedade quer consumir alimentos com cada vez menos químicos. Com o desenvolvimento das pesquisas, em um futuro próximo, será possível produzir soluções para a lavoura que associem insumos químicos e biológicos, potencializando o que cada um tem de melhor. Por esse motivo, mantivemos a nova unidade no mesmo terreno da Tecnomyl, pois a área total é de 20 hectares, e temos espaço suficiente para aumentar as duas plantas, a química e a biológica. Mantendo a proximidade entre os dois laboratórios, embora em áreas separadas dentro do parque fabril, queremos que as duas equipes trabalhem em contato permanente para desenvolver os produtos para uso de maneira integrada.

Instalações da fábrica de produtos biológicos da Tecnomyl, em Villeta, ao lado da unidade de defensivos (no fundo da foto)

Temos consciência de que a preservação do meio ambiente faz parte do nosso negócio e nos esforçamos para reduzir a geração de resíduos e as emissões de poluentes. Esse é um dos motivos pelos quais priorizamos os processos de formulação, que apenas misturam os princípios ativos a solventes para criar os produtos finais. Diferentemente da síntese, que desenvolve novas moléculas a partir de reações químicas controladas, as linhas de produção de formulação deixam pouco resíduo, que é tratado na estação instalada dentro do parque industrial. Temos orgulho de manter uma fábrica de químicos com ISO 9001, que atesta a qualidade da gestão, e ISO 14001, que certifica nossa preocupação com práticas sustentáveis e de preservação do meio ambiente.

Toda a água utilizada na fábrica, incluindo a de limpeza dos galpões e de lavagem dos uniformes dos funcionários, recebe tratamento por métodos físicos, químicos e biológicos. Cerca de 24 mil litros de água passam pela estação de tratamento todos os dias. Para devolver o recurso à natureza, obedecemos aos indicadores de poluição – DBO, demanda bioquímica de oxigênio, e DQO, demanda química de oxigênio –, que medem as quantidades de matéria orgânica e inorgânica presentes na água. Há cerca de 12 anos, implementamos o Sigev, Sistema de Gestão de Envase Vazio, pelo qual investimos na coleta das embalagens vazias e estimulamos o produtor rural a devolvê-las. Temos um setor de reciclagem que transforma os recipientes em *pellets*, pequenas esferas ou cilindros de plástico destinados a outras indústrias para moldar novos produtos, dando ao plástico reciclado uma destinação ambientalmente correta.

A indústria química é bastante vilanizada, mas, com iniciativas como essas e outras medidas de prevenção, é possível eliminar riscos e contribuir com a produção agrícola, que terá grandes desafios nas próximas décadas. De acordo com a ONU, o mundo deve alcançar quase dez bilhões de habitantes em 2050[11]. Isso significa que, em 27 anos, teremos que aumentar a produção global de alimentos nessa mesma proporção. Quem fizer melhor vai capturar o mercado, e nós, como fornecedores de insumos, nos preparamos para acompanhar esse crescimento.

Frequentemente, como parte de nossas ações de relacionamento com os clientes, levamos agricultores para conhecerem as instalações em Villeta. Sempre que participo desses eventos, pergunto sobre o que eles esperam dos produtos e quais as suas maiores dificuldades. Também me interessa saber o que pensam sobre o agronegócio, como enxergam as novas tendências do setor. Gosto de ouvir a opinião de quem está na ponta, consumindo nosso produto, da mesma forma que eu fazia quando era vendedor. Na apresentação que faço na abertura da visita, tenho orgulho de dizer que nossa fábrica apresenta o mesmo nível em processos produtivos, controle de qualidade e preservação do meio ambiente que as unidades fabris de multinacionais.

11 Como referência, veja "População mundial deve chegar a 9,7 bilhões de pessoas em 2050, diz relatório da ONU". ONU, 17 jun. 2019. Disponível em: https://brasil.un.org/pt-br/83427-população-mundial-deve-chegar-97-bilhões-de-pessoas-em-2050-diz-relatório-da-onu.

CAPÍTULO 7

Aprender com os erros e persistir

Depois da crise de 1999, quando a Cerealista Paraná pediu concordata, nós revisamos diversos processos internos na Agrofértil. A principal mudança foi o desenvolvimento do Departamento de Crédito, que até então praticamente não existia e passou a ter papel fundamental para as concessões de financiamento. Além disso, revisamos nossa posição na cadeia de recebimentos e concluímos que havia espaço para reduzir os riscos de inadimplência. No modelo antigo, a Agrofértil estava em último lugar na ordem de pagamentos do agricultor. Após a colheita, ao vender a produção, o produtor rural primeiro paga a empresa de comercialização de grãos, depois os bancos, para receber novo crédito, e, com o que sobra – quando sobra –, faz o pagamento às empresas de insumos. As chances de o dinheiro acabar antes de recebermos são grandes.

Para diminuir esse risco, negociamos com o agricultor para receber parte da sua produção como pagamento, e a empresa passa a ser a primeira a ter a dívida quitada, antes dos bancos. Mas, para transformar a mercadoria em dinheiro, é preciso armazenar e vender os grãos – portanto, começamos a investir na construção e na compra de silos. Erguemos o primeiro em 2002, na cidade de San Alberto, no departamento do Alto Paraná, e outros dois logo em seguida, um em Itakyry, também no Alto Paraná, e outro em San Pedro, no departamento de mesmo nome. A venda de insumos seguia como negócio principal, mas criamos uma segunda atividade, com o objetivo de dar suporte à primeira. Humberto ficou responsável por coordenar a área, o que incluía a compra e a venda de grãos, que não era a nossa especialidade.

Em 2004, a empresa tinha cinco silos no Paraguai para armazenar a produção recebida – três próprios e dois alugados. O preço dos grãos era baseado na cotação internacional da *commodity* no dia da compra, e, para não correr riscos, garantíamos esse valor em contratos de venda no mercado futuro, na Bolsa de Mercadorias de Chicago, nos Estados Unidos, a maior e mais antiga bolsa de opções e futuros do mundo. Naquela época, havia pouca plantação de milho, e a principal cultura era a soja. Era muito comum que as empresas comercializadoras comprassem grãos do agricultor, fizessem *hedge*[12] na Bolsa de Chicago no momento da compra e deixassem os prêmios – valores que variam de acordo com a oferta e a demanda do grão – em aberto para comercializar depois da colheita.

Nós, com pouca experiência nesse mercado e seguindo a orientação de nosso gerente de grãos na época, também adotamos essa estratégia. No Paraguai, historicamente, sempre a partir de abril ou maio, os prêmios apresentavam uma melhora por conta do crescimento da demanda do mercado brasileiro. No entanto, naquele ano, aconteceu o inesperado: houve uma inversão no mercado, e os preços dispararam na Bolsa de Chicago antes do previsto. Tivemos que fazer a cobertura dos contratos para não ficar expostos, ou seja, depositar a diferença entre o valor que havíamos negociado e o valor do dia, que estava mais alto, como garantia para a corretora de *commodities*, responsável por executar as ordens de negociação na Bolsa americana. Como os envios financeiros eram diários e os valores altos, nossos recursos foram se esgotando.

Foram meses de muita tensão. Tínhamos 70 mil toneladas de soja em contratos futuros. Como não conseguimos seguir depositando, tivemos os contratos cancelados, e os valores já depositados foram perdidos. Ficamos com a soja estocada nos silos, que poderíamos vender no mercado à

---

12 Mecanismo que serve para proteger operações financeiras que são expostas a uma alta taxa de volatilidade, isto é, estão em constante variação de preço. Essa proteção é feita a partir de uma estratégia de definição do preço futuro de uma ação ou outro ativo, tomando como base os preços e as cotações atuais do mercado.

vista, aproveitando a alta da cotação. Mas o destino estava jogando contra nós. Na mesma semana em que suspendemos os depósitos em Chicago, o mercado virou, os preços na Bolsa de Chicago caíram e os prêmios começaram a melhorar. Perdemos em torno de 130 dólares por tonelada. Foi a pior crise pela qual passamos em toda a história do Grupo Sarabia. Tive a sensação de que podíamos quebrar, mas nunca jogamos a toalha.

Nessa operação, arcamos com um enorme prejuízo, um valor muito alto para o faturamento que tínhamos na época. Vimos o capital da Agrofértil derreter por termos tomado uma decisão errada. Era algo difícil de aceitar, uma vez que estávamos no mercado havia 11 anos e tínhamos acumulado um grande patrimônio.

Nesse período, a minha vida pessoal também foi impactada. Ainda em 2004, havia se passado pouco tempo desde o término do meu primeiro casamento. Para me desconectar e criar memórias afetivas com meus filhos Felipi e Dudu, eu organizava viagens nas férias escolares de janeiro e de julho. Mesmo com as turbulências naquele ano, eu já havia comprado um pacote para esquiar no Valle Nevado, no Chile, no inverno.

No Vale Nevado, no Chile, em uma das primeiras viagens que fiz sozinho com Felipi e Dudu, em 2004

Faz 20 anos, mas ainda me lembro bem dessa viagem. Eu estava de férias, mas não conseguia me desligar do trabalho. Descia a montanha para procurar sinal no celular e acompanhar as cotações na Bolsa de Chicago. Estava tenso, calculando quanto perdíamos por dia diante daquelas montanhas cheias de neve. Aconteceu, mais de uma vez, de perdermos mais de um milhão de dólares em um único dia.

Resolvi manter a viagem, pois explicar para meus filhos que teríamos que cancelá-la partiria meu coração. Essa memória em família, infelizmente, foi manchada por esses acontecimentos ruins. Sempre que me lembro do quão difícil foi o ano de 2004, vem à minha memória o Valle Nevado.

Naquele ano, vimos quebrar muitas outras empresas paraguaias que negociavam soja em Chicago. Para proteger nosso negócio, vendemos três silos próprios à Cargill e terminamos 2004 com fôlego para seguir no mercado. Foi o único ano da história da empresa em que não registramos lucro. Mantivemos a cabeça no lugar e a persistência para seguir lutando, apesar da grande queda. O nosso principal negócio, que era a venda de insumos, não sofreu nenhum impacto e continuou crescendo. Ainda fomos beneficiados pela aquisição, quatro anos antes, de 50% da Tecnomyl, que vinha expandindo seu portfólio, trazendo ao grupo uma receita adicional, além de fornecer para a Agrofértil, que conseguia margens de lucro maiores do que quando atuava como distribuidora de insumos das multinacionais. Ter a Tecnomyl como financiadora nos anos seguintes foi muito importante para a nossa expansão.

Para mim, as crises são oportunidades para crescer, pois as empresas que não estão preparadas ficam pelo caminho. Quem consegue superar ganha espaço. Nesses 30 anos como empresário, passamos por várias situações, e, com exceção dessa de 2004, em todas ganhamos *market share* e saímos mais fortes do que a concorrência. Sempre repito nas empresas do grupo: "Na crise, se cresce".

Em 2005, começamos a recuperar a empresa. Desde então, a Agrofértil vem acumulando bons resultados. Olhando para trás e recordando o ocorrido, é difícil apontar culpados. Considero que o erro foi da empresa.

MAIS TURBULÊNCIA

O ano de 2004 foi especialmente desafiador, porque, ao mesmo tempo que vivíamos a crise financeira na unidade de grãos, enfrentávamos questões relacionadas à sociedade entre os irmãos. Apesar de participações acionárias diferentes, sempre tomamos as decisões em conjunto, buscando o consenso, sem que uma opinião se sobrepusesse às outras. Dessa forma, avaliamos as oportunidades e os desafios compartilhando a responsabilidade. Sempre trabalhamos assim com sucesso, porque, mesmo com opiniões e perfis diferentes, temos a mesma visão de negócio.

Desde 1998, Humberto se mudara para Foz do Iguaçu e trabalhava na Agrofértil, no Paraguai, participando do nosso dia a dia. Em 2004, eu percebia que era nítida a diferença entre os sócios em relação à forma de pensar, se posicionar e atuar. Muitos impasses na tomada de decisão eram provocados por divergências, o que prejudicava o andamento dos negócios. Para mim, ficava evidente que seria questão de tempo deixar de trabalhar juntos.

Mesmo sendo difícil relatar esse período, isso fez parte de um complicado momento da minha história pessoal, assim como na das empresas. Toninho e Paulo Campaner haviam se tornado sócios em 2002, com participações bem pequenas. De forma geral, tudo caminhava bem, exceto pelas diferenças de Humberto com os outros sócios. Eu sentia que era preciso enfrentar o problema e decidir. Tomei a iniciativa e informei meu irmão que não queria continuar a sociedade com ele, que deveríamos separar os negócios e deixar que os outros sócios decidissem com quem gostariam de seguir. Isso acabou gerando momentos tensos, com muitas discussões, principalmente relacionadas à parte financeira. Não conseguíamos chegar a números que ambas as partes aceitassem.

Na mesma época, Humberto estava se divorciando. Tenho consciência de que foi um momento complicado para ele. Em uma empresa familiar, é natural que consideremos aspectos financeiros e pessoais. Meu irmão insistiu para que sua ex-esposa continuasse no negócio, com metade de sua participação. Porém, nós entendíamos que ele deveria resolver sua separação fora da sociedade, ou seja, seguir seus negócios com sua ex-esposa e os filhos.

Diante dessa discordância, recebemos uma intervenção de meu pai, que nos aconselhou a aceitar Marly na sociedade, e assim fizemos. Financeiramente também foi melhor, porque aquele era um momento crítico, e, ao comprar apenas metade da participação do Humberto, desembolsamos um valor menor do que o previsto. Apesar da dificuldade da situação, considero que foi uma decisão acertada para toda a família. Marly é sócia da Agrofértil até hoje, participa do Conselho e está envolvida no processo de Governança Corporativa que estamos implementando, mas não tem nenhuma atuação na gestão da empresa.

Os sete irmãos reunidos no aniversário de 91 anos do meu pai, em 2022, em Foz do Iguaçu. Em pé: Tião, Paulo, Toninho e Daniel. Sentados, Humberto, Ana, meu pai e eu

Em nossa família, somos sete irmãos. Naturalmente, temos perfis diferentes. Eu tenho um perfil agregador, procuro ajudar e manter todos unidos. Por isso, essa decisão em relação ao Humberto foi muito difícil para mim. Sempre reflito sobre isso e acho que a separação da sociedade foi benéfica para todos. Humberto seguiu seu caminho e tomou suas decisões com sua forma de pensar e atuar, e nós continuamos imprimindo nas empresas nosso modelo de gestão, cuidando do patrimônio da Marly, que depois será dos seus filhos.

Com a saída de Humberto da sociedade, Toninho assumiu a área de grãos da Agrofértil. A empresa ganhou fôlego financeiro com a venda dos silos, e mantivemos a comercialização com os outros dois, mas como atividade complementar. Também voltamos a usar os grãos como garantia do pagamento pelos insumos comercializados no início da safra. Com o tempo e o aprendizado, os investimentos na área aumentaram, e, assim, adquirimos novos silos, sempre em regiões de cultivo de soja e milho.

NOVO IMPULSO

A liderança de Toninho também nos trouxe *know-how* para a construção de silos, o que contribuiu para que, em 2023, tivéssemos 25 deles instalados nas redondezas das propriedades produtoras no Paraguai, com capacidade de armazenar 600 mil toneladas de grãos, além de um silo de 50 mil toneladas construído no Pará, onde está a Agropecuária Cataratas. A unidade de grãos tem se mostrado lucrativa e com potencial para ser um negócio independente, tão importante quanto a venda de insumos. Embora não seja comum no Paraguai que uma empresa seja forte em ambos os segmentos, a Agrofértil foi na contramão e, hoje, é líder do mercado na comercialização de insumos, assim como na originação primária de grãos. A atividade envolve negociação de preços, contratos de compra e venda, logística, inspeção da qualidade, recebimento, armazenamento e processamento dos grãos adquiridos. Nós acreditamos que manter um relacionamento próximo com o agricultor, tanto na venda de insumos quanto na compra de grãos, fideliza ainda mais o cliente.

Chegar a esse lugar não foi simples. No início, esbarrávamos na dificuldade de encontrar gerentes para as áreas de insumos e de grãos que atuassem em sintonia, um ajudando o outro. Isso mudou quando convidamos o Clevison Mondardo, que era gerente regional de vendas, para assumir a gerência de insumos, em 2015. No ano seguinte, o Vanderlei Tavela, que era gerente de silo, foi chamado para ser o novo gerente de grãos. Com eles, sob a direção de meus irmãos, Paulo em insumos e Toninho em grãos, conseguimos virar a chave. Além de entenderem o mercado com profundidade, ambos souberam trabalhar lado a lado, o que era importante para a empresa desenvolver os dois negócios com equidade. A partir desse momento, tomamos a decisão e tivemos a coragem de investir na compra e na construção de novos silos, o que foi decisivo para o crescimento dos últimos sete anos.

Sócios e sucessores em inauguração do silo São Miguel, em Santa Rita, Paraguai

O mercado de insumos para a agricultura nos países onde atuamos tem uma característica comum: os agricultores preferem investir recursos próprios na compra de terras e usar o crédito com fornecedores para financiar a compra de insumos. Muitos adquirem dívidas com valores próximos ao de seu patrimônio líquido, gerando riscos elevados. Para gerenciar esses riscos, desenvolvemos um modelo de crédito no Grupo Sarabia que reduziu nossas perdas históricas a níveis praticamente insignificantes. Na Agrofértil, considerando a soma do faturamento dos últimos 30 anos, as perdas reunidas por contas não pagas (calotes) são inferiores a 0,1% do total faturado. Esse sucesso é similar nas outras empresas do grupo e se deve aos trabalhos dos gerentes de crédito, como Sandro Matos, na Agrofértil, Arnaldo Campuzano, na Tecnomyl Paraguay, e Rafael Campos, na Tecnomyl Brasil.

Com quase dois mil funcionários, eu não teria como descrever a contribuição de cada um deles neste livro, mas há um caso que quero destacar, porque considero um modelo a ser seguido. Tarciano Dalateze foi vendedor por 16 anos e, desde 2021, é gerente de vendas na região da cidade de Campo 9, a 110 km de Ciudad del Este, no interior do Paraguai. Seus resultados sempre superaram os de outros vendedores – acredito que por seu carisma e bom relacionamento com os clientes, além do conhecimento amplo que tem sobre agricultura. Sua dedicação ao trabalho e sua persistência fazem dele um profissional confiante, com autoridade para falar com os agricultores sobre como devem tratar a lavoura.

Tarciano é também um exemplo de administrador do próprio dinheiro: sabe ganhar e investir. Ao longo de sua carreira, adquiriu propriedades agrícolas e, agora, se prepara para sua aposentadoria. Eu fico feliz de ver funcionários que sabem aplicar seu dinheiro e conquistar independência financeira. Sei de muitos que passaram pelas empresas do grupo ou que ainda estão conosco e que poderiam deixar de trabalhar, se quisessem, porque souberam investir bem o que ganharam.

Desde a crise de Chicago, de 2004, não corremos mais riscos no mercado futuro. Só colocamos em contratos de venda a quantidade de soja que temos capacidade para manter no caso de a cotação da *commodity* disparar. Criamos um comitê de risco com padrões internacionais que orienta e evita perigos exagerados de exposição na Bolsa de Mercadorias. Isso nos dá mais segurança e tranquilidade para desenvolver produtos e expandir a Tecnomyl e a Agrofértil.

Depois de 2004, a Agrofértil voltou a registrar balanços positivos, e a rentabilidade melhorou anualmente. Em 2008, fomos a empresa que mais faturou entre as distribuidoras de insumos agrícolas do Paraguai e mantemos a liderança até hoje. Certa vez, escutei de um concorrente que, se não tivéssemos tido os problemas de 2004, teríamos hoje um *market share* ainda maior. Eu acho que ele tem razão. Chegamos a esse resultado com disciplina, dedicação e alguma ousadia. Para ampliar o portfólio da Tecnomyl e, consequentemente, da Agrofértil, usamos, nas formulações que desenvolvemos, moléculas com patente vencida, o que gera discussões com as multinacionais. Já tivemos três disputas jurídicas por patentes com grandes empresas e ganhamos todas. Muitas vezes, as multinacionais usam mecanismos para evitar a entrada das empresas de pós-patente. Isso acontece no mundo todo, mas no Paraguai somos bem assessorados e conhecemos profundamente a legislação local. Quando entendemos que estamos com a razão, não temos medo de um embate. Há sempre a chance de perdermos, mas alguns riscos precisam ser tomados se queremos que a empresa cresça.

CAPÍTULO 8

O olho do dono engorda o boi

Em outubro de 2006, levei a Bia comigo para a China. Estávamos namorando fazia pouco mais de um ano e, quando voltamos ao Brasil, ela descobriu que estava grávida. Foi um susto, mas também uma alegria. Fizemos nosso casamento civil e oficializamos nossa união consumada – ela já ficava mais tempo no meu apartamento do que na casa dela. Em 2007, nasceu nossa filha Isadora, e, depois de cinco anos, tivemos Pedro, meu caçula. Agora, enquanto escrevo este livro, eles têm 16 e 10 anos e, embora ainda sejam novos, já penso neles trabalhando nas empresas do grupo, da mesma forma que sempre planejei para meus filhos mais velhos, Felipi e Dudu. Já quero prepará-los em alguns aspectos para esse futuro, por exemplo, incentivando-os para que tenham um inglês fluente. Tenho pressionado para que aprimorem o conhecimento na língua e insistido para que estudem um tempo fora – quando Isadora completou 16 anos, nos organizamos para ela estudar na Suíça, em um colégio interno, durante um ano.

Antes de Isadora nascer, eu acreditava que ter um filho ou uma filha era a mesma coisa, pois amamos todos sem fazer diferença. Ao ser pai pela primeira vez, queria que fosse menino e fiquei muito feliz quando veio o Felipi. Mas ter uma menina foi muito especial. Nós, pais, ficamos com um senso de proteção diferente e aprendemos sobre as necessidades e perspectivas de uma filha. Estar com Isadora é um processo de aprendizado constante. Ela fez 15 anos em 27 de julho de 2022, e organizamos uma tradicional festa de debutante. Foi muito marcante para mim sentir a emoção de vê-la entrar na festa, dançar a valsa e se divertir com os amigos. Aquela noite ficará em minha memória para sempre.

Dancei a valsa com Isadora, minha filha, em sua festa de debutante

Eu e meus irmãos Paulo e Toninho nos dedicamos muito à frente dos negócios para crescer. Não gostaria que, no futuro, as empresas fossem administradas somente por executivos que não pertençam à família. Considero que o ideal seja preparar a segunda geração com capacidade e comprometimento para assumir a liderança, com a contribuição de outros bons executivos, como acontece hoje.

Na Tecnomyl, reconheço o trabalho de Zulmar do Carmo, que esteve desde o início na organização da parte financeira e administrativa da fábrica, liderando essas áreas até os 65 anos, quando se aposentou, deixando seu sucessor preparado. Javier Islas, que ocupou o seu lugar, possui o mesmo perfil de Zulmar no rigor do controle de custos. Na Tecnomyl, Javier passou a ter papel similar ao do Adilson na Agrofértil. Na área comercial, tive o grande Héctor Garay por 17 anos, que foi substituído pelo agitado André Consagni, que sempre atende ao telefone durante as reuniões, mesmo que eu o censure todas as vezes.

Não posso me esquecer de meu grande líder na fábrica em Villeta, Miguel Echauri, nem de nosso chefe de desenvolvimento, Martín Ávila. Quando compramos 50% da Tecnomyl, tomamos a acertada decisão de manter a cultura paraguaia. Até hoje, todos os funcionários são paraguaios, e a língua mais falada no parque fabril é o guarani. Além disso, mantivemos o hábito de, nos intervalos de trabalho, tomar diariamente o tradicional *tereré*, bebida preparada com água gelada e mate, consumida em um copo com canudo semelhante ao do chimarrão. Alguns amigos, empresários brasileiros, às vezes, me perguntam sobre a qualidade da mão de obra paraguaia. Respondo que é similar à brasileira. Quando há necessidade, buscamos consultores externos para realizar treinamentos e manter o alto nível da mão de obra.

Vista aérea da fábrica da Tecnomyl hoje. A proximidade do rio Paraguai é uma vantagem logística para a importação de matéria-prima

EXPANSÃO PARA O BRASIL

Após adquirirmos o controle integral da Tecnomyl no Paraguai, em 2014, demos outro importante passo para a internacionalização da empresa. Havíamos começado registrando os produtos em outros países da América Latina. Esses processos são muito lentos, podendo demorar anos ou até décadas para que o comércio e a importação de um produto sejam autorizados. Tínhamos alguns registros ativos, mas sem realizar vendas, no Uruguai, na Colômbia e no México, porém, considerando a dificuldade em criar uma estrutura de vendas, o risco-país e os riscos de crédito, desistimos. Além disso, decidimos concentrar o crescimento no Brasil, pelo tamanho do mercado, por sermos brasileiros e porque tínhamos conhecimento parcial sobre como trabalhar no país.

Claro que também encontramos dificuldades no Brasil. A lei brasileira que regulamenta os registros de defensivos é de 1989[13] e está totalmente ultrapassada. O país tem um dos sistemas mais lentos e caros do mundo. Demos entrada nos papéis para iniciar nossos processos em 2002 e esperamos durante 15 anos sem realizar vendas. Só recebemos autorização a partir de 2017, depois de entrar com três processos independentes, envolvendo os Ministérios da Agricultura e Pecuária e da Saúde, além do Instituto Brasileiro do Meio Ambiente e dos Recursos Naturais Renováveis, o Ibama. Atualmente, há um projeto de lei em discussão no Senado, o PL 1459,[14] que, se aprovado, mudará positivamente as perspectivas de crescimento da Tecnomyl no país. As mudanças propostas na nova lei devem melhorar os processos de registros de produtos, o que permitirá à companhia oferecer ao Brasil um portfólio semelhante ao que temos no Paraguai.

Começamos a atuar no mercado brasileiro com um portfólio pequeno e simples, com moléculas unitárias, conhecidas por qualquer agricultor, como os herbicidas glifosato, cletodim e outros. A partir de 2023, obtivemos registros de misturas de duas moléculas, gerando soluções mais eficientes e específicas para os produtores brasileiros. O potencial da produção de soja do país é muito grande, especialmente se comparado ao do Paraguai, que possui em torno de três milhões de hectares de área plantada. Os dados mais recentes da Conab (Companhia Nacional de Abastecimento) mostram que a área de plantio de soja no Brasil deve passar de 45 milhões de hectares na safra 2022/2023[15].

A soja é um dos cereais mais importantes para a alimentação do

---

13 Como referência, veja "Lei nº 7.802, de 11 de julho de 1989". Presidência da República. Disponível em: https://www.planalto.gov.br/ccivil_03/leis/l7802.htm.

14 Como referência, veja Projeto de Lei nº 1459, de 2022. Disponível em: https://www25.senado.leg.br/web/atividade/materias/-/materia/153396.

15 Pesquisa de junho de 2023. Como referência, veja "Portal de Informações Agropecuárias". Conab. Disponível em: https://portaldeinformacoes.conab.gov.br/produtos-360.html.

planeta. A partir dela, produz-se o óleo para consumo humano e o farelo para a ração animal, matéria-prima básica para a produção de carne de porco, frango e uma pequena porcentagem de boi em confinamento. Em 2022/2023, a produção mundial do cereal foi de mais de 370 milhões de toneladas por ano, liderada pelo Brasil, com 155 milhões de toneladas, seguido pelos Estados Unidos, com 116 milhões[16]. O Paraguai produz, em média, dez milhões de toneladas anuais[17].

Para o mercado de defensivos, o Brasil possui, além das plantações de soja, outras culturas importantes, como milho, algodão, trigo, café, cana-de-açúcar, os citros e as pastagens. Atualmente, a Tecnomyl atua em todos esses mercados.

A mesma persistência e transparência que tivemos no Paraguai para conseguir linhas de crédito com os bancos se repetiu no mercado financeiro brasileiro. Nosso diretor financeiro, Rogerio Alencar, passou a visitar, desde 2019, bancos e fundos de investimentos para apresentar o Grupo Sarabia, levando nosso *business plan* e nossos projetos em mãos. Afinal, apesar de termos acionistas brasileiros, somos uma empresa estrangeira entrando em um mercado já consolidado. Tivemos que apresentar o negócio desde o início, da origem dos sócios ao potencial de crescimento, passando pelo patrimônio consolidado. Convidamos executivos dos bancos para conhecer nossas instalações em Ciudad del Este e a fábrica em Villeta. Foram quase dois anos de muita conversa e apresentação de números. Oferecemos uma operação conjunta da Tecnomyl com a Agropecuária Cataratas, o que foi importante para conseguirmos todas as linhas de crédito necessárias para a safra 2022/2023. Dessa forma, conseguimos chegar a um *market share* de 2% no mercado brasileiro.

Desde que começou a vender no país, a Tecnomyl vem registrando crescimento contínuo. A empresa fechou 2022 com faturamento quatro vezes maior do que o do ano anterior. Em cinco anos, está entre as 15 maiores do setor brasileiro de agrodefensivos, um mercado extremamente competitivo e, hoje, liderado por multinacionais.

---

16 Como referência, veja Paulo Santos, "Soja: USDA eleva estimativa de oferta global em 22/23". Globo Rural, 12 maio 2023. Disponível em: https://globorural.globo.com/agricultura/noticia/2023/05/soja-usda-eleva-estimativa-de-oferta-global-em-2223.ghtml.

17 Como referência, veja "Área de siembra, producción y rendimiento". Disponível em: https://capeco.org.py/area-de-siembra-produccion-y-rendimiento/.

IMPORTÂNCIA DAS PESSOAS

A Tecnomyl Brasil tem apenas cinco anos, e ainda estamos estruturando sua equipe. Porém, Rogerio Alencar, que está conosco desde o início, tem se destacado e já demonstrou possuir o perfil que buscamos. Na área comercial, iniciamos com Jurandir Paccini, que foi importante para o começo da nossa trajetória. Atualmente, Roberto Valadão vem mostrando alto potencial para o futuro.

O êxito de uma empresa tem relação direta com sua capacidade de contratar pessoas sérias, comprometidas e com o mesmo estilo de atuação dos donos. Em uma entrevista, já é possível reconhecer quem se encaixa no perfil desejado. No futuro, quero que nossos sucessores tenham essa mesma visão ao buscar executivos para compor o time. Há um ditado que diz que é o "olho do dono que engorda o boi", e eu concordo. Como empreendedor e acionista, acredito que estar perto da operação traz benefícios para a gestão. Estou sempre a par do que acontece nos processos internos e externos, ainda que de forma distante e estratégica, e tenho informações mais precisas para defender a continuidade dos negócios. Além disso, meus interesses individuais estão naturalmente ligados ao desenvolvimento das empresas – o que nem sempre acontece com executivos contratados.

Por esse motivo, insisto, como já escrevi aqui, para que meus filhos estudem, se desenvolvam para trabalhar nas empresas do grupo e assumir a liderança no futuro. Caso não tenham perfil para posições de gerência ou diretoria, que, ao menos, aprendam e conheçam os negócios, para integrar o Conselho de Administração ou participar das decisões. Acredito que eles estão avançando profissionalmente, cada um em sua fase, compatível com suas idades, mas ainda precisam passar por esse processo de evolução para adquirir maior conhecimento e responsabilidade.

Aos 20 anos, Felipi se tornou pai com sua namorada, Nawana, com 19 anos à época. Eles quiseram morar juntos, e eu apoiei. Alugaram um apartamento pequeno para começar a família. Existem muitos casamentos envolvendo gravidez precoce que não dão certo. Eu tinha esse receio, mas, felizmente, ele não se concretizou. Em 2019, Felipi fez uma surpresa e emocionou toda a família ao pedir a mão de Nawana em casamento durante uma festa na chácara. Meses depois, na linda cerimônia realizada em 14 de setembro de 2019, ele fez todos chorarem de emoção outra vez ao declamar os seus votos – foi inesquecível. Eles estão casados até hoje e tiveram mais dois filhos – cinco anos depois do nascimento do Kauê, veio a Lara e, recentemente, em março de 2023, Davi chegou ao mundo. Eles ainda pretendem ter mais filhos. Eu acho ótimo, pois quero ter muitos netos. Atualmente, Kauê está com 11 anos e é cinco meses mais velho que meu caçula, Pedro. Acho muito legal ter um filho mais novo que meu neto, com praticamente a mesma idade. Os dois são amigos, estão sempre juntos, e farei de tudo para que cresçam unidos.

O casamento e a paternidade ajudaram Felipi a amadurecer. Ele mudou a forma de encarar a faculdade de Agronomia, se dedicou aos estudos e à Agrofértil, onde começou como estagiário em 2012. Passou por diversas áreas, incluindo o trabalho de campo dos vendedores, até ser efetivado depois de se formar. Observando as tendências do agronegócio, como o uso de novas tecnologias, ele percebeu oportunidades que poderíamos explorar e liderou a criação da H2O, empresa dedicada a projetos de inovação que lançamos em 2022. Com 30 anos de idade, a minha expectativa é a de que ele terá, no futuro, conhecimento e liderança para seguir nos negócios da família.

Dudu é cinco anos mais novo, também está trilhando seu caminho no grupo, e uma de suas características marcantes é a autocobrança. Ele se formou engenheiro agrônomo no final de 2022 e, depois do estágio na empresa, passou a atuar no marketing da Tecnomyl Brasil. Em nossa viagem de férias a San Martín de los Andes, na Argentina, em julho de 2023, com a presença de todos da minha família, Dudu fez uma surpresa. Demonstrando ser romântico, em um final de tarde, à beira de um lindo lago, no pôr do sol, pediu a mão de sua namorada, Gabriela Vinhais, em casamento. Foi emocionante. Já está organizando a celebração. Apesar de considerar ambos muito novos, estou feliz por eles.

Às vezes, fico pensando se sou muito rígido ou se dou muita moleza para Felipi e Dudu. Mas tenho muito claro que meu objetivo sempre foi colocar os dois para trabalhar no grupo, começando como estagiários, passando por diversas áreas, para conhecerem o que cada uma delas faz. Experimentando cada função, eles ainda tiveram a oportunidade de descobrir o que gostam. Também acredito que essa experiência estimula a humildade neles, uma característica que considero muito importante. Não quero que meus filhos, por terem boas condições financeiras, pensem que são melhores do que os outros. Nesse ponto, acredito que conseguimos um ótimo resultado, pois já estão adultos. Admiro muito meus filhos, porque estão sempre próximos de Deus. Frequentam a igreja, oram, seguem o caminho da espiritualidade e são pessoas sensíveis e solidárias.

Dudu surpreendeu a todos quando pediu a mão da namorada em casamento, durante uma viagem em família, na cidade de San Martin, na Argentina

Assim como estimulei Felipi e Dudu, quero que Isadora e Pedrinho trabalhem conosco, e meus irmãos estão fazendo o mesmo com seus filhos. Se orientarmos as próximas gerações para que se profissionalizem e conheçam as empresas com profundidade, garantiremos o futuro dos negócios e da família. Seis dos dez integrantes da segunda geração ocupam algum cargo nas empresas do grupo, de acordo com suas afinidades e habilidades. Rodrigo, filho do meu irmão Humberto e da Marly, sócia da Agrofértil, está na área comercial de grãos. Dos filhos do Toninho, Leonardo é veterinário e trabalha com gado nas fazendas, e Leticia está no marketing da Agrofértil. Eloisa, filha do Paulo, é formada em Administração e Contabilidade e atua no departamento financeiro.

Além dos meus dois filhos menores, que ainda não têm idade para trabalhar, a Juliana, filha da Marly, e o Lucas, filho do Paulo, não trabalham no grupo. Eles se dedicam a atividades particulares, mas também estão sendo preparados para conhecer os negócios e acompanhar minimamente as empresas. Tenho, ainda, mais seis sobrinhos que trabalham conosco, filhos dos meus irmãos que não estão na sociedade do grupo: Enrique, Ricardo e André, filhos da Ana, e Marcelo, filho do

Sebastião, todos agrônomos, além dos dois filhos do Daniel – Ruan, que é agrônomo, e Renan, administrador de empresas.

SUCESSÃO BATENDO À PORTA

Em quase 30 anos de história, eu e meus irmãos chegamos ao que hoje é o Grupo Sarabia com muito trabalho e dedicação. Nessa trajetória, nos desenvolvemos como empreendedores e amadurecemos o olhar sobre os negócios. Estamos deixando nossos filhos em uma situação econômica muito melhor do que nossos pais nos deixaram. Quando éramos crianças, as roupas dos mais velhos eram passadas aos mais novos. Quando o tecido rasgava, minha mãe costurava um remendo, e os últimos irmãos usavam peças muito remendadas. Andávamos descalços a maior parte do tempo, não havia ostentação, a vida era muito simples. Eu, Paulo e Toninho conseguimos transformar a realidade da nossa família, e não queremos que isso seja perdido.

Vejo meus filhos e sobrinhos chegando às empresas e fico preocupado com as escolhas que farão quando estiverem em nosso lugar. Hoje, somos três líderes trabalhando juntos, decidindo com agilidade. Sabemos como cada um de nós pensa e reage, além de confiarmos integralmente um no outro. Processos que, em algumas empresas, poderiam levar dias para serem analisados e definidos, resolvemos em cinco minutos de conversa. Certamente, quando transferirmos a liderança para a segunda geração, o cenário será diferente, mais complexo, a começar pela quantidade de pessoas envolvidas. Preservar e continuar o que construímos demanda responsabilidade e vai exigir deles energia, trabalho e determinação. Sei que eles têm o nosso exemplo, mas precisam estar preparados.

Sempre me preocupei com nosso processo de sucessão. Comecei a colher informações há mais de dez anos, quando participei com Felipi de um evento em Assunção, no Paraguai, sobre governança corporativa, realizado pelo Banco Interamericano de Desenvolvimento (BID). Em minha trajetória como empreendedor, assumi riscos porque confiei na minha experiência e na de meus irmãos, além de acreditar em pessoas que agregaram outros conhecimentos. Embora esse modelo venha trazendo bons resultados, sabemos que é preciso criar regras, políticas e processos institucionais para organizar as empresas, preparando-as para

Fabio Mizumoto, da Markestrat, em visita da segunda geração da família aos silos da Agrofértil

quando não estivermos mais à frente dos negócios. Por sermos uma empresa familiar, também temos que cuidar da harmonia entre os integrantes da família. Pensando em organizar as empresas e o grupo, separando os negócios das relações familiares, começamos um projeto de governança corporativa familiar. Em 2019, contratamos a Markestrat, consultoria especializada em agronegócio, para apoiar o processo.

Com um ano de projeto em andamento, no final de 2019, a Covid-19 se espalhou pelo mundo, causando o que viria a ser uma das maiores crises globais da história recente. No dia 26 de fevereiro, o Brasil registrou o primeiro caso confirmado da doença e, nove dias depois, o Paraguai teve sua primeira confirmação. Casos suspeitos apareciam diariamente na América Latina, enquanto novos infectados e óbitos explodiam na Europa. Havia muita incerteza sobre como se prevenir, sobre a ação do vírus e sua transmissão.

Na segunda semana de março, eu e meus irmãos estávamos no Paraguai para uma atividade do projeto de governança corporativa familiar organizada pelo Fabio Mizumoto, da Markestrat. O plano era apresentar aos nossos filhos as instalações da Agrofértil, mas tivemos que interrompê-lo devido aos boatos de que a fronteira com o Brasil seria fechada. Para evitar que a equipe da Markestrat ficasse presa em Ciudad del Este, suspendemos a visita à empresa e providenciamos a volta do pessoal ao Brasil. No dia seguinte, 18 de março, a Ponte da Amizade foi fechada, inicialmente, por 15 dias – o que acabou se transformando em mais de seis meses.

CAPÍTULO 9

O terror da Covid

Quando as primeiras notícias sobre a Covid-19 chegaram ao Brasil, no início de janeiro de 2020, ela ainda era uma doença respiratória misteriosa. A China, onde o primeiro caso foi registrado, havia alertado a Organização Mundial da Saúde (OMS) em dezembro do ano anterior sobre casos graves de pneumonia causada por um vírus desconhecido. Conversando com a equipe do nosso escritório em Nanjing, recebi informações alarmantes sobre o que estava acontecendo no país e fiquei preocupado. Tínhamos uma viagem programada para a China na primeira semana de março, que cancelamos pouco tempo antes do embarque devido ao alastramento do vírus para outros países e continentes.

Havíamos passado o Natal de 2019 com meu pai e toda a família na chácara, em Foz do Iguaçu, onde começamos a celebrar a data após o falecimento de minha mãe. Até então, o Natal era comemorado em Ibiporã. Depois, fomos para o nosso apartamento em Itajaí, na Praia Brava, em Santa Catarina, onde Bia e as crianças passaram o mês de férias escolares. Eu fiquei as duas primeiras semanas de janeiro com eles e, depois, me desloquei para trabalhar em Ciudad del Este. Aos fins de semana, eu ia encontrá-los. No Carnaval, apesar de já circularem comentários de que o vírus estava chegando ao Brasil, eu, Bia e Isadora fomos ao Rio de Janeiro para assistir ao desfile das escolas de samba na Marquês de Sapucaí. Assim como nos anos anteriores, os restaurantes e bares estavam abertos, as pessoas não usavam máscaras e os blocos nas ruas aglomeravam milhares de foliões. Na Quarta-Feira de Cinzas, 26 de fevereiro, surgiu o primeiro caso confirmado em São Paulo. Continuei atento ao noticiário e cada vez mais impressionado com os acontecimentos no mundo. Não me esqueço de uma imagem de caminhões recolhendo corpos na Itália, uma realidade muito difícil de assimilar.

Eu estava preocupado comigo e com minha família, com medo de que não haveria vaga em hospital caso algum de nós adoecesse. Considerei montar uma UTI nos apartamentos da chácara, já que, naquele momento, falava-se que os respiradores eram fundamentais para salvar as pessoas. Pedi à gerente da Tecnomyl na China, Helena, que tentasse comprá-los – para mim e para doar aos hospitais da cidade, principalmente, do Paraguai. Porém, as dificuldades de informação e acesso aos aparelhos eram enormes, além de os preços serem muito altos – giravam em torno de 10 mil a 12 mil dólares. Em Foz do Iguaçu, meu amigo advogado Dr. Osly Machado me passou o contato de duas pessoas que haviam começado um movimento de apoio aos pacientes de Covid na cidade, o Dr. Sérgio Fabris e Dimas Bragagnolo, com quem eu conversava diariamente, por e-mail e WhatsApp, para saber sobre os detalhes técnicos dos respiradores.

Na primeira semana de março, visitei o Vale do Silício, na Califórnia, em uma viagem incentivada pelo Felipi, para conhecermos iniciativas em inovação e novas tecnologias no agronegócio. Juntas, estavam 20 lideranças do Grupo Sarabia – eu, Toninho, Felipi, meus sobrinhos Rodrigo, Leticia e Eloisa e os gerentes das empresas. Na semana em que estivemos nos Estados Unidos, os casos de Covid-19 no país não chegaram a mil, e cerca de 20 mortes haviam sido associadas à doença. Em 4 de março, a Califórnia declarou estado de emergência. Quando voltamos a Foz do Iguaçu, quatro dias depois, estávamos assustados e cautelosos. No Brasil, nenhum paciente de Covid-19 havia morrido, mas, desde o primeiro diagnóstico, outros 24 haviam sido confirmados, e os casos suspeitos, se multiplicado. No dia 11 de março, a Organização Mundial da Saúde (OMS) decretou estado de pandemia.

Sete dias depois, no dia 18, trabalhei no escritório da Agrofértil em Ciudad del Este. Eu e o Paulo ficamos o dia todo em reunião, em uma sala sem ventilação, com um advogado que tinha voltado havia uma semana dos Estados Unidos. Ele comentou que, no fim de semana anterior, sentira leves sintomas de gripe. Não nos preocupamos, pois a

Covid-19 ainda não havia se espalhado na América do Sul, e ficamos na sala sem máscara o dia todo.

Paulo e eu temos histórias semelhantes: somos agrônomos, começamos a vida profissional como professores na mesma escola, viajamos juntos ao Paraguai e, em 1993, iniciamos em conjunto a Agrofértil. Ainda não sabíamos, mas, por obra do destino, também contraímos Covid no mesmo dia.

Nunca poderemos afirmar com certeza como fomos infectados. O mais provável é que contraímos o vírus juntos, naquele dia de trabalho com o advogado, pois começamos a sentir os sintomas no mesmo dia. Além disso, nosso piloto, que transportou o advogado no dia seguinte à reunião, também acabou infectado. Enquanto eu estava internado, o advogado testou positivo. Consideramos essa hipótese como a mais provável, e sabemos que a transmissão da Covid foi totalmente involuntária.

COINCIDÊNCIAS INACREDITÁVEIS

No dia 14 de março de 2020, um sábado, minha sobrinha Leticia e três amigas comemoraram seus aniversários com uma festa que reuniu cerca de 200 pessoas na chácara. Ainda não havia restrição oficial para fazer eventos. Embora tenha sido convidado, eu não fui, pois tinha uma viagem a Londrina no outro dia bem cedo, onde meu pai estava internado com suspeita de dengue. No dia 18, uma das convidadas, que havia voltado da Europa, testou positivo para Covid-19 e, imediatamente, avisou minha sobrinha, que também avisou os outros convidados por WhatsApp. Em minutos, toda a cidade estava em pânico. Nas redes sociais, os comentários eram maldosos, e surgiu o boato de que a festa era da Agrofértil, o que gerou preocupação na empresa. Recebi a notícia por volta das seis horas da tarde, ao sair da reunião em que passara o dia. Poucas horas depois, informamos via redes sociais que a festa havia sido particular, sem qualquer vínculo com a empresa. Ainda assim, os comentários continuaram, e, no dia seguinte, uma empresa proibiu seus funcionários de manter contato com os nossos ou de receber qualquer papel de nossa empresa. Somente comunicação eletrônica era aceita. Em meio a essa confusão, cruzei a ponte para o Brasil. Não imaginava que estava levando o vírus para minha casa e, consequentemente, infectando toda a minha família.

Nessa mesma noite, o governo do Paraguai fechou a Ponte da Amizade, e muitos funcionários que moravam em Foz do Iguaçu ficaram presos no Brasil. Com o prolongamento do período das medidas de isolamento, definimos que todos deveriam voltar ao Paraguai, onde acomodaríamos parte dos funcionários em uma casa que compramos em Ciudad del Este. Para isso, depois de cruzar a fronteira, eles tiveram que ficar 14 dias em quarentena, confinados em apartamentos de hotel, totalmente separados e sem contato pessoal. Até então, funcionários que moravam no lado paraguaio revezavam dias de trabalho presencial, adotando cuidados extremos. Assim como na maior parte das empresas do mundo, as equipes se reestruturaram para continuar operando de maneira remota, respeitando as medidas de distanciamento social. Como somos uma empresa ligada ao agronegócio, nossa atividade é considerada essencial – portanto, não podíamos parar. Mas eu mesmo, pessoalmente, não participei dessa transformação. Adilson e Toninho lideraram esse movimento, porque o Paulo também estava doente, e eu, na UTI.

SUSPEITA DE DENGUE

No dia 22 de março, dois dias depois do meu aniversário e quatro após o fechamento da fronteira, eu tive febre. Era domingo, e mandei uma mensagem para a Dra. Flavia Pina Trench, infectologista que me acompanhava desde que eu tivera hepatite B. Ela me recomendou hidratação e observação, já que eu não havia tido contato com ninguém doente nem visitado nenhum país em que o vírus já tivesse se espalhado. A cidade atravessava um surto de dengue, o que a levou a considerar esse diagnóstico como sua principal suspeita. Naquela noite, escovando os dentes antes de dormir, comentei com a Bia que eu estava muito preocupado com o que poderia acontecer. Ela me tranquilizou, dizendo o óbvio: eu não tinha qualquer fator de risco para isso. Sempre pratiquei esportes, não tenho comorbidades.

Como os sintomas persistiam, fiz o teste de Covid-19. Reuni a Bia, o Paulo e a sua esposa na chácara, onde uma equipe de laboratório, com uniformes que lembravam os de astronautas, veio coletar o material para ser analisado. Por insistência da Dra. Flavia, eu e Paulo também fizemos teste para dengue.

No dia seguinte, com medo de estar infectado e colocar outras pessoas em risco, me isolei na chácara. Eu havia levado uma máquina de café expresso, mas não conseguia sentir o cheiro da bebida, sintoma característico da Covid, que na época eu desconhecia. Mesmo isolado, continuei em contato por WhatsApp com a Bia e meus irmãos – Paulo estava com sintomas muito similares aos meus. Eu tinha dores no corpo e muita dor de cabeça, mas não sentia falta de ar. Em uma noite em que estava sozinho, tive uma febre alta que não passava. Foi um momento muito tenso.

No dia 24, o teste sorológico para dengue deu positivo – eu não lembrava, mas havia tomado vacina em 2016, o que gerou o falso positivo. Voltei para casa, mas ainda estava preocupado com o resultado do exame da Covid-19, que sairia em uma semana. Na sexta-feira, dia 27, foi aniversário de sete anos do Pedrinho, e compramos bolo e docinhos para comemorar entre nós, em casa. Conectamos toda a família no Zoom e cantamos parabéns. Fazer a festa de aniversário com cada um em sua casa foi diferente, mas divertido. A Bia não gostou do bolo, mas não me dei conta de que era um sintoma. Eu continuava com febre e muita dor no corpo e, no sábado, dia 28 de março, estava ainda pior. A dipirona não estava surtindo efeito. A médica orientou que eu fosse ao pronto-socorro para tomar algo mais forte, talvez intravenoso. Embora não houvesse pacientes internados por Covid-19 em Foz do Iguaçu, a recomendação dos médicos era evitar hospitais. Não quis arriscar e fiquei em casa.

À noite, vi que o laboratório havia enviado os resultados dos exames. Bia e Paulo estavam contaminados com a Covid-19. Chamei Bia para dar a notícia, longe das crianças, e ela me perguntou assustada: "E você?". Respondi que eu também. Ficamos em silêncio, sem conseguir reagir. Nossa preocupação era que, uma semana antes, pelo menos, estávamos contaminados e saímos para comprar comida, usamos o elevador do prédio. Hoje, sabemos que o coronavírus é transmitido por meio de gotículas respiratórias, mas acreditava-se que era possível se contaminar apenas passando pelo mesmo ambiente. Fui dormir preocupado, mas, além da dor intensa, não tinha sintomas que justificassem ir ao hospital.

Acordei no domingo ainda mais debilitado, com uma dor de cabeça insuportável. Já era o oitavo dia com sintomas. Fui ao pronto atendimento da Unimed levando o resultado positivo do meu teste.

Direcionaram-me à área de atendimento aos casos de Covid-19, onde fui recebido pela Dra. Leiliane Lemes. Tomei medicamentos na veia para dor e fui para casa.

As dores no corpo e de cabeça seguiram na segunda-feira. Quando Bia me chamou para almoçar, eu demonstrei cansaço. Como ela também estava se sentindo mal, fomos nos consultar com a Dra. Leiliane. A médica auscultou nossos pulmões, mediu a oxigenação e pediu tomografias. Em seguida, nos encaminhou para um quarto do hospital, e veio a notícia que temíamos. Pelo resultado dos exames, eu teria que ficar internado. Naquele momento, senti pela primeira vez dificuldade de respirar. Logo me colocaram uma máscara com oxigênio. O terror aumentou. Pedi para ir ao banheiro e já não conseguia andar sem o respirador ligado ao cilindro de oxigênio. Chamei a Dra. Flavia, que prontamente chegou ao hospital. Minutos depois, veio a notícia de que eu seria transferido para o Hospital Ministro Costa Cavalcanti, para onde deveriam ser encaminhados os pacientes com Covid.

Apenas Bia, Paulo e Toninho sabiam que eu estava infectado com o coronavírus. Não disse nada ao meu pai nem aos meus filhos, para não os preocupar. Recebi no celular uma mensagem do meu filho Dudu, que queria saber se eu tinha melhorado. Respondi de modo vago, porque não tive coragem de dizer a verdade. Os médicos não disseram naquele momento, mas a minha oxigenação estava muito baixa. Para completar o quadro, os exames indicaram que eu era um paciente potencialmente grave.

PRIMEIRO PACIENTE

Eu e Bia aguardávamos no quarto a ambulância chegar. Eu estava com a máscara de oxigênio e muito nervoso. Não conseguia segurar as lágrimas. Bia tentava me acalmar, mas também chorava. Deitei-me na maca e, enquanto me levavam pelos corredores, vi os funcionários me olhando assustados. Quando me colocaram na ambulância, do lado de fora, Bia chorava muito e repetia: "Fique com Deus, fique com Deus". Era uma sensação horrível, eu tive a impressão de uma despedida.

No trajeto de cerca de cinco quilômetros entre o pronto-socorro e o Costa Cavalcanti, completamente acordado e lúcido, eu ouvia o barulho da sirene e sentia o carro balançar quando passava nos buracos da pista. Também escutei quando, na entrada do hospital, o motorista foi orientado a entrar por trás, para despistar os curiosos que queriam acompanhar a chegada do primeiro paciente. Mesmo assim, me lembro de ver muita gente do lado de fora quando abriram a porta traseira da ambulância. Felipi e Toninho haviam sido avisados e me esperavam, mas eu não os vi quando me tiraram do carro. Felipi conta que me chamou, disse que ia ficar tudo bem, mas essa cena fugiu da minha memória. Deitado na maca, vi que uma mulher com o celular na mão começou a gravar ou tirar fotos. Gritei pedindo que parasse, e ela respeitou. No hospital, havia muita preocupação. Era o primeiro caso da cidade, estavam todos ansiosos e com medo.

O Costa Cavalcanti foi fundado na década de 1970 para atender operários e suas famílias que se mudaram para Foz do Iguaçu para a construção da hidrelétrica Itaipu Binacional. No início de 2020, com investimento feito pela usina, na gestão do general Joaquim Silva e Luna, o hospital se estruturou para ser referência no atendimento de pacientes com Covid-19 na região. Nos dois últimos blocos do prédio, em um espaço onde o acesso é mais restrito, foram reservados 27 leitos de UTI para o tratamento da doença e, até então, a ala estava vazia. Fui levado na maca, com a Dra. Betânia Bernardo, infectologista, abrindo caminho entre funcionários do hospital, todos curiosos. Durante mais de dois meses, eles haviam feito treinamentos e simulações se preparando para aquele momento. Aproveito para expressar, mais uma vez, minha gratidão ao general Luna. Graças à sua decisão de apoiar o hospital no combate à Covid, o meu destino e o de vários outros iguaçuenses tiveram um final feliz. Eu não o conhecia, mas, em junho de 2023, tive a oportunidade de agradecer a ele pessoalmente.

Depois de internado, uma pessoa usando roupa de proteção especial dos pés à cabeça, com touca, máscara, óculos e *face shield*, me entregou um copinho de plástico com um comprimido branco: era hidroxicloroquina. Naquele momento, pensei: "Meu Deus, estou mal!". A polêmica sobre o uso do medicamento estava começando, mas ainda era o protocolo que os hospitais adotavam. Todos os medicamentos eram experimentais, porque a comunidade médica internacional não conhecia o coronavírus.

Na UTI, comecei a receber os medicamentos, mas meu quadro não melhorava. Os médicos consideravam intubação, atentos à reação do meu organismo, mas a decisão seria colegiada. O plantonista que percebesse os primeiros sinais de falta de oxigenação ligaria para o Dr. Rodrigo Romanini, diretor clínico do hospital, para avaliarem a real necessidade. Isso porque o procedimento em pacientes com Covid-19 é feito com o tubo grampeado, para evitar o contágio dos médicos, diferente de uma intubação comum, como me explicou o Dr. Rodrigo tempos depois.

Na minha terceira noite internado, porém, o plano não foi cumprido. Meu quadro piorou abruptamente, eu descompensei, como dizem os médicos, e o plantonista Dr. João Fernando Pereira me entubou em questão de minutos. Até então, eu estava apenas com o respirador para auxiliar minha oxigenação. Às vezes, quando me lembro disso, penso na coincidência de, poucas semanas antes, eu estar preocupado em comprar respiradores para os hospitais. No final, fui a primeira pessoa da cidade a precisar de um.

UNIÃO E ORAÇÃO

Depois da minha transferência, Bia foi orientada a voltar para casa e ficar isolada por 15 dias. Os médicos monitoravam a distância a oxigenação dela e das crianças – ela mandava fotos com as marcações do oxímetro regularmente. Apesar de não terem feito exame, Pedrinho e Isadora também haviam se contaminado, pois apresentaram sintomas leves quando eu estava internado. Nesses dias, as medidas de proteção foram extremas. Minha cunhada Thais ia ao supermercado, deixava as compras na entrada do apartamento e, só depois que ela descia, Bia abria a porta. Paulo também ficou isolado em casa, e sua esposa, mesmo tendo tido contato com ele, não foi contaminada. Meu irmão enfrentou alguma dificuldade para respirar, mas não precisou ser internado. O caso dele foi similar ao meu até o nono ou décimo dia. Depois eu piorei e ele se recuperou, mesmo chegando a ter 25% dos pulmões comprometidos.

Nenhuma visita ou acompanhante tinha permissão para entrar no hospital. Todas as informações sobre pacientes de Covid-19 eram transmitidas às famílias por telefone, uma vez ao dia. A Bia ficou como ponto de contato e criou um grupo no WhatsApp com meus irmãos Paulo e Toninho e meus dois filhos mais velhos, Felipi e Dudu. Meus irmãos tentavam se animar, mas as notícias não eram boas. Em desespero, Paulo pediu a amigos indicação de médicos e qualquer informação ou contato que pudessem ajudar no meu tratamento. Assim, pelo amigo Carlos Lourenço, ele chegou ao Dr. Helio Korkes e à Dra. Tatiana Galvão, ambos cardiologistas do Hospital Israelita Albert Einstein, em São Paulo.

A primeira ideia era me transferir, para que eu fosse atendido por uma equipe que já tivesse experiência com outros casos de Covid-19. No início de abril, o país se aproximava de dez mil casos confirmados da doença, quase metade deles em São Paulo, onde a mortalidade também era a mais alta entre os estados. Os hospitais da capital paulista estavam, pelo menos, 15 dias à frente das instituições de Foz do Iguaçu. No entanto, nessa época, já havia fila de espera para internação no Einstein, e, além disso, o transporte era arriscado, pela condição dos meus pulmões. Eu poderia morrer com a mudança de altitude estando num avião.

Como alternativa, Paulo pediu ao Dr. Helio que avaliasse meu caso e participasse das decisões do meu tratamento com os médicos do Costa Cavalcanti. Ele também levou a ideia ao Dr. Rodrigo, que não se opôs, assim como ao coordenador médico da ala de Covid-19, Dr. German Pignolo, e à infectologista, Dra. Gisele dos Reis Dal-Cheri, que também aceitaram. No dia seguinte, a primeira reunião foi realizada e, depois, as duas equipes mantiveram contato diário, por videoconferência – o que se prolongou até depois da minha alta, beneficiando outros pacientes do hospital. O Costa Cavalcanti atuava com uma equipe multidisciplinar nos casos de Covid-19, com profissionais de várias especialidades – hematologista, imunologista, reumatologista, infectologista – e até profissionais do administrativo, responsáveis pela compra da medicação. A troca de experiências e informações foi muito importante.

Hoje, considero que minha cura se deu por um somatório de decisões médicas e apoio espiritual, mas, principalmente, pelo trabalho conjunto do Dr. Helio, da Dra. Tatiana e dos médicos do Hospital Costa Cavalcanti. Todos agiram com humildade. Os profissionais do Costa, liderados pelo Dr. Rodrigo, aceitaram que os profissionais de São Paulo – que, até então, não conheciam – participassem das decisões a serem tomadas. E o Dr. Helio e a Dra. Tatiana aceitaram participar sem estar presencialmente com o paciente. Essa parceria das duas equipes fez com que eu pudesse estar aqui hoje escrevendo minha história.

Os médicos também falavam diariamente com a Bia, o Felipi e meus irmãos, que acompanhavam de perto. Quando fui internado, eu estava com pneumonia bacteriana, já no terceiro estágio – de um total de quatro – da Covid-19. Isso dificultou meu tratamento e, talvez, se eu tivesse sido atendido antes, teria corrido menos risco. Naquela época, essas divisões não existiam, mas hoje os médicos sabem que a pneumonia viral provocada na primeira fase, eventualmente, se complica com infecções bacterianas.

Quando estive internado, Bia criou uma rede de oração para pedir por mim. Todos os dias, no mesmo horário, das nove às nove e meia da noite, as pessoas rezavam conforme a sua própria religião, pedindo ao seu Deus para que os médicos tomassem as decisões que me salvariam. Primeiro ela envolveu a família e os amigos mais próximos. Tentamos manter a internação em sigilo para não criar rumores de que a empresa estava com a liderança desfalcada, o que poderia gerar insegurança nos funcionários e especulação no mercado. Eu mesmo, quando cheguei ao pronto atendimento, pedi que a notícia não saísse dos registros médicos, já que todos os testes de Covid-19 confirmados eram obrigatoriamente comunicados à vigilância epidemiológica. Hoje, penso que errei. Se voltasse no tempo, eu estaria mais preocupado com a minha saúde.

Mesmo com todos os esforços das equipes de profissionais de Foz do Iguaçu, de São Paulo e com as correntes de oração, meu quadro piorava. Os médicos deixavam claro o tempo todo que fizeram tudo o que estava ao alcance deles. Mais do que isso, o que havia a ser feito era rezar. Aflita, Bia expandiu os pedidos de oração a todas as pessoas que ela conhecia, de qualquer religião ou crença. Foi quando meu pai também soube que eu estava doente. Até então, tentavam preservá-lo, dizendo que eu estava internado com dengue para fazer hidratação com soro. Católico fervoroso, ele também começou a rezar diariamente. Felipi me contou que algumas vezes acordava de madrugada e rezava por mim. Em uma dessas noites, ele teve uma sensação clara de que Deus estava agindo, um sentimento bom, que ele não tinha experimentado desde que tudo começara. Não tenho dúvidas de que todas as orações somaram-se às decisões da equipe médica, contribuindo para a minha melhora.

Um desafio adicional que minha família enfrentou foram as notícias falsas. Foz do Iguaçu tinha menos de 30 casos confirmados nos primeiros cinco dias de abril, nenhum óbito e apenas duas internações. No entanto, minha morte era anunciada frequentemente em grupos de WhatsApp e em publicações no Facebook. Os médicos me contaram que também eram frequentes os telefonemas querendo confirmar se eu tinha morrido. Bia, meus irmãos e os funcionários das empresas, incluindo os que estavam em Ciudad del Este ou Assunção, foram impactados por mensagens enganosas. Não consigo imaginar o que foi para eles enfrentar essas notícias maldosas.

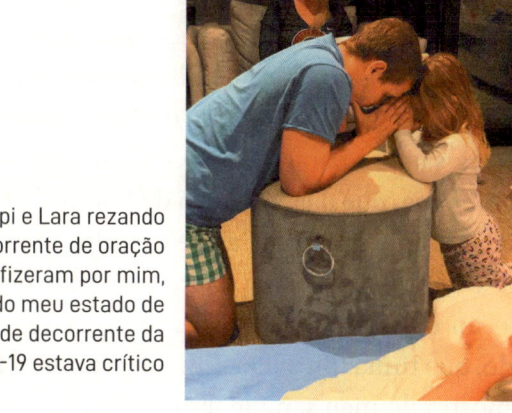

Felipi e Lara rezando em corrente de oração que fizeram por mim, quando meu estado de saúde decorrente da Covid-19 estava crítico

Depois de tudo o que aconteceu, penso em como deve ter sido difícil para todos da família. Imagino a Bia, que estava com Covid, sentindo os sintomas, sozinha em casa, cuidando dos filhos contaminados, com o marido internado e sem poder falar pessoalmente com ninguém. Ela foi muito forte durante todo o período mais crítico. No prédio onde morávamos, os vizinhos foram extremamente solidários, a começar pelo síndico. Em nenhum momento minha família foi discriminada – pelo contrário, todos tratavam de ajudar Bia com mensagens de apoio.

Como fui o primeiro caso de Foz do Iguaçu e tive um final feliz, minha história foi muito divulgada pelos meios de comunicação. Em 2023, passados três anos, ainda sou abordado em locais públicos por pessoas que não conheço e que se lembram de mim. Muitas me falam: "Eu e minha família oramos muito por você". Sempre agradeço de coração e me emociono, pois penso como foi importante toda essa energia de orações para a minha recuperação.

PROCEDIMENTOS NOVOS

O tratamento que eu estava recebendo era o padrão recomendado na época, o mesmo usado para o H1N1, com cortisona. Só depois de alguns estudos é que se descobriu que o medicamento não deveria ser usado no início do tratamento. Em São Paulo, os médicos estavam testando, em pacientes de Covid-19, com resultados preliminares bons, o Actemra, indicado para doenças reumatológicas. É um medicamento caro, disponível em poucos hospitais, mas, por sorte, havia dois pacientes em tratamento no Costa Cavalcanti, e eles tinham o remédio. Entretanto, a recomendação do uso era para a fase das inflamações secundárias. Se fosse administrado em outra fase, poderia baixar minha resistência e ter o efeito contrário. Para saber se eu poderia tomar o medicamento, eram necessários dois exames de sangue para medir a quantidade de interleucina-6 e beta-2 microglobulina, que o laboratório de Foz do Iguaçu não realizava.

Na teleconferência diária que a equipe médica mantinha com minha família, Dr. Rodrigo avisou sobre esse impeditivo e, na mesma hora, a solução foi encontrada. Felipi lembrou-se de um amigo meu, Adriano Azeredo, que tinha um avião. Em duas horas, o Felipi chegou a São Paulo com amostra do meu sangue. Em quatro horas, os médicos receberam o resultado, e eu tomei a primeira dose do medicamento. No mesmo dia, minhas funções hepática e renal começaram a melhorar. Fui o primeiro paciente de Foz a receber esse tratamento, talvez o primeiro da região Sul do país. O uso do Actemra foi incorporado ao tratamento regular do Costa Cavalcanti.

Também por recomendação da equipe do Dr. Helio Korkes, os médicos consideraram fazer a extubação precoce, como vinha sendo testado em pacientes de São Paulo – ou seja, antes do que fariam se eu estivesse com uma pneumonia comum. Mais uma vez, com um avião emprestado de outro amigo, José Odvar Lopes, Felipi foi à capital paulista buscar o Dr. Klaus Carvalho Lustosa, anestesista, que fez o procedimento no dia 10 de abril, Sexta-Feira da Paixão, depois de oito dias de intubação. Para mim, que sou católico, foi muito simbólico isso acontecer no fim de semana da Páscoa, época de renovação. Dr. Klaus passou as oito horas seguintes ao meu lado, observando minhas reações e meu estado clínico. Não precisei ser intubado novamente, como vinha acontecendo com frequência em pacientes com Covid-19. Vejo que ter condições financeiras fez diferença no meu caso, quando me lembro de todas as pessoas envolvidas, tudo o que minha família mobilizou para me salvar.

O momento em que acordei no quarto do hospital foi marcante. Pude ver pela janela aberta as copas das árvores que ficam atrás do Costa Cavalcanti, mas acreditava que estava internado em São Paulo. Pensava: "Como São Paulo está arborizada!". Durante a intubação, eu sentia falta de ar e enfrentava situações de quase morte. Tive várias alucinações extremamente realistas – todas envolviam tragédias como sequestro, queda de avião, acidentes em UTI móvel e outras em que eu quase morria. Talvez por isso tenha acordado com tanta certeza de que não estava em Foz do Iguaçu. Ao voltar dos sedativos, não distinguia o que era realidade ou não.

Eu costumo sonhar com frequência, muitas vezes, mais de um sonho na mesma noite. Quando acordo, lembro-me do que sonhei e esqueço minutos depois. É muito diferente das alucinações, que pareciam reais. Faz mais de três anos que me recuperei da Covid e ainda me lembro com nitidez do rosto do sequestrador, das pessoas que tentavam me tirar do avião monomotor.

Os efeitos da retirada dos medicamentos para sedação também me causaram uma enorme dificuldade para dormir. Fiquei praticamente 48 horas acordado. Quando fechava os olhos para pegar no sono, vinham imagens assustadoras de monstros e guerras. Eu tinha que abrir os olhos imediatamente. Durante a recuperação, no hospital, os enfermeiros me ajudavam durante as noites, tentando me fazer dormir.

A Bia e meus filhos mais velhos foram chamados no sábado, dia seguinte à extubação, e entraram um de cada vez, paramentados dos pés à cabeça com a roupa de proteção. A cada visita havia uma expectativa dos médicos sobre qual seria minha reação. Eu ainda estava confuso, esquecia o motivo de estar internado. Naquele momento, eu achava que estava no hospital por causa dos acidentes que "havia sofrido". As alucinações ainda eram muito reais.

O primeiro a entrar foi Felipi. A cena foi marcante, pois era a primeira visita que recebia. Ele se aproximou da cama, mas não podíamos nos tocar.

Em seguida, convidou todos no quarto, médicos e enfermeiros, para orar. Foi um momento que me impactou de uma maneira muito forte. Em seguida, entrou o Dudu, e também me emocionei. Naquele instante, chegou a primeira refeição após a extubação. Ele conta que quis me dar a comida na boca, mas eu teria dito que preferia que fosse a Bia. Depois, ela veio. Os médicos tinham medo de que eu não os reconhecesse e me perguntaram quem era aquela mulher. Respondi "é o meu amor", o que a fez abrir um grande sorriso.

No dia seguinte, domingo de Páscoa, Bia foi me visitar. Com o celular dela, liguei para Isadora e Pedrinho, meu pai e meus irmãos. Saber que todos estavam bem ajudava a minha recuperação. Dr. German Pignolo e Dra. Gisele dos Reis Dal-Cheri contam que a companhia da Bia foi fundamental para reduzir a medicação rapidamente. Com o passar dos dias e conversando com ela, entendi o que realmente aconteceu, distinguindo a realidade das alucinações. Em 48 horas, os médicos retiraram quase 100% dos remédios. O sucesso da introdução da família no meu processo de recuperação foi uma inovação replicada depois, com outros pacientes.

Levantar-me da cama pela primeira vez foi desafiador. Dois enfermeiros vieram ao meu lado, para me amparar, se necessário, quando o médico pediu que eu ficasse em pé. Sentar na cama foi difícil, colocar os pés no chão parecia impossível. Mas, no segundo dia, eu conseguia caminhar com algum apoio. Cada nova atividade era uma conquista. Também tive medo de engolir, no começo, talvez por conta da intubação e da garganta sensível. Perdi olfato e paladar por um tempo, mas, logo depois da alta, já os havia recuperado.

CAPÍTULO 10

Uma nova chance

Quando recebi a notícia de que voltaria para casa após tantos dias internado pelas complicações da Covid, meu irmão Toninho, Bia, meus quatro filhos, meus netos, minha sobrinha Leticia e minha cunhada Thais comemoraram comigo e com a equipe médica. Naquele instante, aparei a barba, coloquei outra roupa e me preparei para voltar à vida.

Na minha alta, eu não fazia ideia de que os funcionários do hospital estariam em pé no corredor, alinhados nos dois lados. Eu me sentei na cadeira de rodas, seguindo o protocolo do hospital, e saímos. Bia caminhou comigo e, ao som de um violinista, praticamente todos os profissionais que me atenderam nos acompanharam até a porta da frente, onde minha família me esperava. Muitos me olhavam com lágrimas nos olhos. Foi uma das maiores emoções que já senti. Em todo o trajeto pelos corredores do prédio, fomos aplaudidos. Os funcionários seguravam bexigas e cartazes com frases de motivação. Parecia que eu estava em um filme com final feliz. Eu sentia uma alegria genuína vindo da equipe médica pela grande conquista de salvar o primeiro paciente grave com Covid em Foz do Iguaçu. Era um sinal de que eles estavam preparados para enfrentar a batalha que viria.

Foz do Iguaçu já tinha registrado 36 casos confirmados, dois outros pacientes internados no Costa, nenhum óbito. Contrariando as previsões mais pessimistas de alguns profissionais da saúde que acreditaram que eu não sobreviveria, deixei o Costa Cavalcanti no dia 16 de abril. O primeiro falecimento pelo coronavírus em Foz do Iguaçu aconteceu dez dias depois. A minha recuperação foi muito significativa para o hospital, pois, além de me salvar, eles adquiriram conhecimento para enfrentar a doença com o trabalho em parceria com a equipe do Dr. Helio Korkes e da Dra. Tatiana Galvão. Esse foi um fator determinante para que o hospital tivesse um bom resultado no combate à Covid.

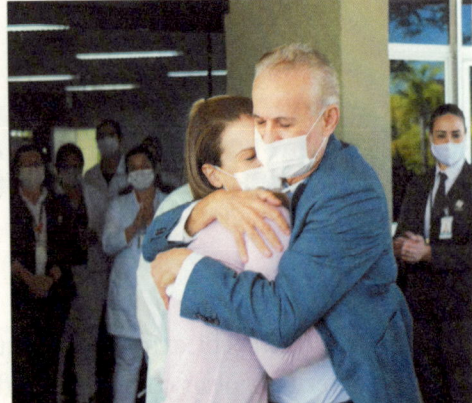

Minha saída do hospital foi emocionante, um momento muito esperado e comemorado por todos

Durante a minha internação, entendi quanto os enfermeiros são fundamentais. Eles são responsáveis pelos cuidados nos momentos de maior fragilidade dos pacientes. Fui muito bem atendido por todos, mas a enfermeira Nadia Cardoso Santos teve um destaque diferenciado. Além dos cuidados essenciais, ela me motivava com mensagens que falavam de Deus, o que me deixava mais esperançoso, e chamava minha atenção quando eu reclamava de alguma coisa.

Meus filhos e sobrinhos rasparam a cabeça em minha homenagem pela minha recuperação da Covid-19

Meus filhos e sobrinhos fizeram uma grande demonstração de amor. Não sei como foi o acordo entre eles, mas quando tive alta todos rasparam a cabeça. Eu não os vi pessoalmente, pois fiquei meses isolado em recuperação, mas ver a foto com todos os carecas me emocionou muito. Sempre que me lembro do episódio, a emoção é grande.

Isadora tinha começado aulas de piano e, no dia em que voltei para casa, tocou a música "Carnaval de Veneza". Durante meu processo de recuperação, todos os dias eu pedia a ela que tocasse e insistia para que repetisse várias vezes. Eu sempre escutava com lágrimas nos olhos. Essa música foi muito marcante naquela época e, ainda hoje, me emociono quando ouço.

Algum tempo depois de minha alta, lembrei que havia tomado vacina contra a dengue no dia 5 de abril de 2016. Isso explica o resultado positivo de meu exame sorológico, já que ele detecta a presença de anticorpos no organismo. A prova do falso positivo foi o resultado do teste de antígeno contra dengue no dia em que eu estava com sintomas. Com essa lembrança, descartei por completo a hipótese de que eu havia sido contaminado pelas duas doenças ao mesmo tempo.

DE VOLTA PARA CASA

Para voltar, os médicos exigiram que eu permanecesse em isolamento, sem receber visitas de qualquer outra pessoa que não fossem Bia, Isadora e Pedrinho. Minha imunidade estava baixa, e havia uma preocupação grande com a reincidência e possíveis sequelas. Graças a Deus, não fiquei com nenhuma. Os primeiros dias foram difíceis, porque o medo de morrer vez ou outra voltava. Eu rezava para me acalmar, e Bia conversava comigo. Para ela também foi difícil. Sem a funcionária que ajuda com os serviços da casa, ela fazia tudo, ainda cuidava da minha medicação e monitorava as crianças, em adaptação às aulas on-line. Saí do hospital exatamente um mês depois do fechamento da fronteira e do início das medidas de isolamento.

Dr. German e dra. Gisele continuaram me acompanhando em casa após minha alta do hospital

Cheguei em casa ainda abatido, com dificuldade para realizar alguns movimentos, e fiz fisioterapia para reabilitação duas vezes ao dia, todos os dias, até ficar bom. O hospital achou importante me acompanhar em casa. Periodicamente, uma pessoa da equipe me visitava para saber como estava minha evolução. Passei os meses seguintes me recuperando. Nesse período, aos poucos, retomei minhas atividades, começando pelos telefonemas aos gerentes da Agrofértil e da Tecnomyl. Depois, com reuniões pelo Zoom, comecei a me inteirar, preparando-me para a minha volta ao trabalho nas empresas.

Em casa, fui ver as mensagens em meu celular. Muitas delas desejavam força. Uma delas me marcou de uma forma especial. Era de um amigo, dono de uma empresa concorrente da Agrofértil e da Tecnomyl. Ele dizia: "Força, Marcos, você é muito forte, mais forte que toda a concorrência junta". Fiquei feliz pelo fato de até meus concorrentes estarem torcendo por mim.

As mensagens de apoio eram tantas que Bia e meus filhos tiveram a ideia de juntá-las em um caderno – muitas vieram de pessoas que eu nem conheço. Minha cunhada Thais se responsabilizou por imprimir e organizar o caderno, que tem 60 páginas, com 290 mensagens, e está guardado, até hoje, com muito carinho.

RESPONSABILIDADE SOCIAL

Ainda no começo da pandemia, tentei comprar equipamentos de proteção como máscaras e luvas para doar aos hospitais das duas cidades, Foz do Iguaçu e Ciudad del Este, mas não havia oferta. Além dos hospitais, muitas pessoas começaram a estocar esses produtos em casa, tentando se proteger. O álcool em gel estava em falta nas farmácias. Foi quando conseguimos, por meio de uma empresa terceirizada de um amigo no Paraguai, produzi-lo em grandes quantidades. O objetivo era fazer doação aos hospitais e às entidades ligadas ao controle da Covid o mais rapidamente possível – chegamos a produzir, aproximadamente, 30 mil litros e doamos tudo.

Como as empresas estavam fechando e as pessoas não podiam sair de casa, as famílias mais carentes se encontravam sem comida. Juntei um grupo de pessoas no Paraguai e começamos a nos organizar para montar cestas básicas, o que foi interrompido com a minha internação. Depois que saí do hospital, coloquei como meta dar continuidade a esse projeto, e assim foi feito.

A minha experiência com a Covid-19 adicionou um tom de urgência a algumas iniciativas sociais do Grupo Sarabia. No período em que estive internado, nossas equipes continuaram a dar suporte à comunidade dos nossos negócios, principalmente no Paraguai, onde o sistema de saúde é bastante precário. A região do Alto Paraná, onde está Ciudad del Este, não tinha laboratório que fizesse exames de Covid-19. O material coletado dos pacientes com suspeita da doença era enviado a Assunção, atrasando os resultados e prejudicando os tratamentos. Desde o início da pandemia, havia um projeto, aprovado pelo Ministério da Saúde local, para a instalação de um laboratório de biologia molecular em um prédio da Faculdade de Ciências da Saúde da Universidad Nacional del Este (UNE), mas faltava um parceiro investidor.

No laboratório biomolecular com dr. Hugo Kunzle, do Ministério da Saúde, e dr. Hugo Casartelli Oreggioni, da Faculdade de Ciências da Saúde FACISA – UNE

Por meio de um convênio com o governo e com a faculdade, investimos cerca de 60 mil dólares na adequação da infraestrutura interna do prédio e na compra de equipamentos de refrigeração, armários de biossegurança e mobiliário. Colocamos o laboratório para funcionar em cerca de 40 dias, com início das operações em 14 de agosto de 2020. O investimento somou-se aos 400 mil dólares que destinamos à campanha *Juntos Sumamos*, lançada no Paraguai em maio daquele ano como um plano de contenção da Covid-19, incluindo apoio às comunidades do entorno da Agrofértil e da Tecnomyl e ao sistema público de saúde paraguaio. Com a campanha, arrecadamos 200 toneladas de alimentos que foram doados em cestas básicas, além da doação de equipamentos e roupas de proteção, álcool gel e máquinas para a área de pneumologia do Hospital Regional de Ciudad del Este. Todas as ações foram realizadas por meio da CETEDI, hoje Fundação Sarabia, nosso braço de responsabilidade social.

Doamos 200 toneladas de alimentos em cestas básicas que foram distribuídas em regiões carentes

Desde os primeiros anos de operação da Agrofértil, na década de 1990, realizávamos ações sociais em projetos pequenos, de acordo com nossa capacidade e com a necessidade do entorno da empresa. Fazíamos doações em dinheiro para a igreja ou apoiávamos ações específicas, como distribuições de cestas básicas. Em 2001, percebemos que podíamos fundar uma organização não governamental, que seria responsável pela execução de todas as iniciativas. Hoje, a Fundação Sarabia também apoia outras empresas no desenvolvimento de suas iniciativas de responsabilidade social, propondo e executando projetos adequados aos objetivos dessas companhias, de acordo com as comunidades que elas querem impactar.

Sempre nos preocupamos com o entorno de nossas unidades, com o desenvolvimento econômico da comunidade ao redor e com a melhora na qualidade de vida dos moradores. A cidade de Villeta, onde está a fábrica da Tecnomyl, tinha infraestrutura básica limitada e desafios sociais como acesso a serviços, educação e saúde até a década de 2000. Embora o processo de industrialização tenha desenvolvido a região, as ações da iniciativa privada foram fundamentais para ajudar os moradores. Construímos um espaço com refeitório e área de estudos e recreação para crianças chamado Divino Niño Jesús (Divino Menino Jesus). Nele, oferecemos almoço e atividades de reforço escolar no contraturno das crianças, além de treinamentos e cursos de capacitação para mães e pais.

Também passamos a apoiar outras instituições filantrópicas, como a Fundação Apostar por la Vida, de atendimento oncológico, localizada em Hernandarias, cidade a 20 km ao norte de Ciudad del Este. Ajudamos a transformar a rodoviária antiga da cidade, que estava abandonada, no que hoje é o hospital da fundação, exclusivo para tratamento e diagnóstico de câncer. Desde 2017, contribuímos com a campanha de captação de recursos, realizada anualmente em setembro, além de participar de outras campanhas ao longo do ano. Quando o cantor Daniel fez o show na Fiesta Hawaiana, nos 25 anos da Agrofértil, em 2018, me presenteou com um violão que, com o consentimento dele, eu sorteei em uma rifa que levantou 40 mil dólares, doados à Apostar por la Vida.

Evento de inauguração do serviço de ecografía no Centro Oncológico Teresa Amelia, da Fundação Apostar por la Vida

Além disso, cheguei a coordenar outras ações depois que voltei para casa. Três meses após minha alta, voltei ao Hospital Ministro

Costa Cavalcanti para fazer uma doação em nome do Grupo Sarabia. Queria retribuir todo o carinho e atenção que recebi enquanto estive internado. Antes, consultei meus irmãos, Paulo e Toninho, que concordaram imediatamente. Também contribuímos com a equipe que me atendeu e, no final de 2020, distribuímos mais de 300 cestas de Natal aos profissionais da ala de Covid-19 do hospital. Eles merecem reconhecimento, porque o que enfrentaram na pandemia não foi fácil. Como fui o primeiro paciente grave em Foz do Iguaçu, não presenciei os piores momentos, quando doentes de Covid eram alocados em quartos superlotados, aguardavam em fila por uma vaga na UTI – e nem sempre conseguiam. Mas mantive contato próximo com os médicos e acompanhei a guerra que eles lutavam.

Nos primeiros meses em casa, enquanto cuidava de minha recuperação, além de enviar vídeos de apoio aos que estavam internados, providenciei tratamento para muitos pacientes. Meu caso havia tido repercussão na cidade, com minha alta reportada na imprensa. Quando comecei a ajudar quem estava doente, a notícia se espalhou, e eu recebi dezenas, talvez centenas, de pedidos. Qualquer um do meu círculo de confiança – funcionários, amigos ou familiares – que me falasse de alguém que estava contaminado, eu não perguntava quem era. Usava minhas conexões ligando para médicos, laboratórios ou hospitais, colocava pessoas em contato para conseguir atendimento. Certa vez, dois pacientes precisaram de pulmão artificial, o aparelho de ECMO (oxigenação por membrana extracorpórea), mas o Costa Cavalcanti não tinha nenhum disponível. Soube que havia dois aparelhos em São José do Rio Preto, no interior do estado de São Paulo. Junto com a família de um dos pacientes, alugamos um avião para buscá-los. A decisão foi tomada em um domingo, no final da tarde. No mesmo dia, próximo da meia-noite, os pacientes já estavam sendo atendidos com os equipamentos.

Entre todas essas iniciativas, a mais difícil e complicada aconteceu em uma sexta-feira à tarde, no período em que a ocupação dos leitos estava sobrecarregando o sistema de saúde. Fui procurado pelo líder de um hospital público onde havia 110 pacientes entubados. A preocupação dele era o estoque de sedativos, que estava prestes a acabar, e a nova remessa só chegaria na segunda-feira. Seria uma tragédia, porque, se os pacientes entubados acordassem, poderiam morrer. Naquela época, esses medicamentos estavam em falta em todo o Brasil – e os preços estavam nas nuvens. Na mesma noite, entrei em contato com amigos e conhecidos para conseguir os sedativos e fiz o que foi preciso para que chegassem a tempo. No final da tarde do sábado, os sedativos estavam no hospital.

Eu fazia o que estivesse ao meu alcance, na maior parte das vezes, com meu próprio dinheiro, muitas outras, em nome do Grupo Sarabia. Nem sempre havia tempo para dividir com meus irmãos, e eu decidia sozinho. Pela minha experiência, sei quanto o coronavírus é traiçoeiro e rapidamente faz o quadro de um paciente piorar. Foram meses de uma rotina intensa, em que me dediquei muito recebendo e fazendo ligações. Eu convivia com o sentimento das famílias e, quando o paciente saía da internação, compartilhava a felicidade e o alívio com eles. Mas também sofria quando o paciente não tinha essa sorte. Logo que os hospitais ficaram lotados, muita gente acreditava que eu conseguiria uma vaga. Eu sentia muita pressão, porque, naquele momento, não havia nada que eu pudesse fazer.

Mesmo depois que as medidas de isolamento foram flexibilizadas, quando algum funcionário me avisava que trabalharia em isolamento porque havia testado positivo, eu colocava a equipe médica em contato para fazer o atendimento remoto. Se precisasse de hospital, eu mesmo procurava o Dr. Rodrigo Romanini, diretor técnico do Costa Cavalcanti, para saber se haveria vaga ou se precisaríamos buscar alternativas. Também trazia pacientes para Foz do Iguaçu, como na ocasião em que providenciei um avião para transferir da Bahia um ex-funcionário da Agrofértil, Emerson Stern, porque lá não havia mais leitos. Quando chegou ao hospital, os médicos disseram que ele não sobreviveria se passasse mais tempo sem receber atendimento. Esse e outros tantos casos tiveram um final feliz.

Nas empresas do grupo, havia um protocolo rígido de prevenção, e os casos detectados eram rigorosamente controlados pelo RH. As pessoas com comorbidades eram encaminhadas para o controle médico. Ajudamos todos os funcionários que eu soube que ficaram doentes. Dependendo da condição financeira deles, a empresa arcava com parte ou com a totalidade dos custos do atendimento sem cobertura pelo plano de saúde. Eu indicava médicos particulares, que me atenderam, para acompanhá-los no tratamento.

COMEMORAR E AGRADECER

Quando me recuperei da Covid, as medidas de distanciamento social ainda estavam vigentes no Brasil e no Paraguai, e as empresas não tinham permissão para abrir seus escritórios. Mantivemos nossas operações, mas com as equipes em *home office*. Em outubro de 2020, quando as medidas de isolamento foram flexibilizadas e as fronteiras reabriram, nós voltamos ao escritório da Agrofértil em Ciudad del Este. Eu já havia retomado minhas atividades por completo e estava ansioso para voltar ao trabalho presencial.

Na véspera do dia em que retornaria ao escritório, Bia disse que iria comigo porque queria levar as crianças à Ciudad del Este. Não era comum, mas não estranhei. Estava envolvido com o trabalho e preocupado com a retomada das atividades.

Depois de mais de seis meses, chegou o dia de voltar – 27 de outubro de 2020. Cruzei a ponte, parei o carro no estacionamento e entrei pelo andar de baixo do prédio, em desnível em relação à rua da entrada. Quando vi as mesas vazias, desconfiei que havia algo preparado. Subi as escadas para o térreo seguido pela Bia e pelas crianças, já sentindo as lágrimas ao chegar nos últimos degraus. Fui recebido sob aplausos pelos meus irmãos Paulo e Toninho e por toda a equipe, que me aguardavam ao redor do saguão principal. Foi um momento de muita comoção. Em meu emocionado discurso, agradeci a Deus e a todos pelo apoio e pelas orações. Também não deixei de mencionar os médicos, que foram cruciais para meu retorno.

Cerca de um mês depois, fui a Assunção pela primeira vez e, novamente, fui recebido com palmas e homenagens ao entrar no escritório. O mesmo aconteceu em Villeta, na fábrica. Dessa vez, não fui pego de surpresa, pois imaginei que, a exemplo da Agrofértil, haveria algo especial. A emoção, porém, foi a mesma. Ainda hoje, ao me lembrar desses momentos e de tantos outros nesse período, meus olhos ficam marejados. Não há uma vez em que eu toque no assunto sem chorar.

Para agradecer a Deus por minha recuperação, em 2021, visitei a cidade de Aparecida, no Vale do Paraíba, em São Paulo, famosa pelo Santuário Nacional, com a imagem de Nossa Senhora da Conceição Aparecida. Meu filho Dudu e minha sobrinha Leticia, filha de Toninho, haviam prometido visitar a cidade se eu me curasse. Um casal de amigos, Vera e Ivan Weber, da minha turma do futebol, havia feito a mesma

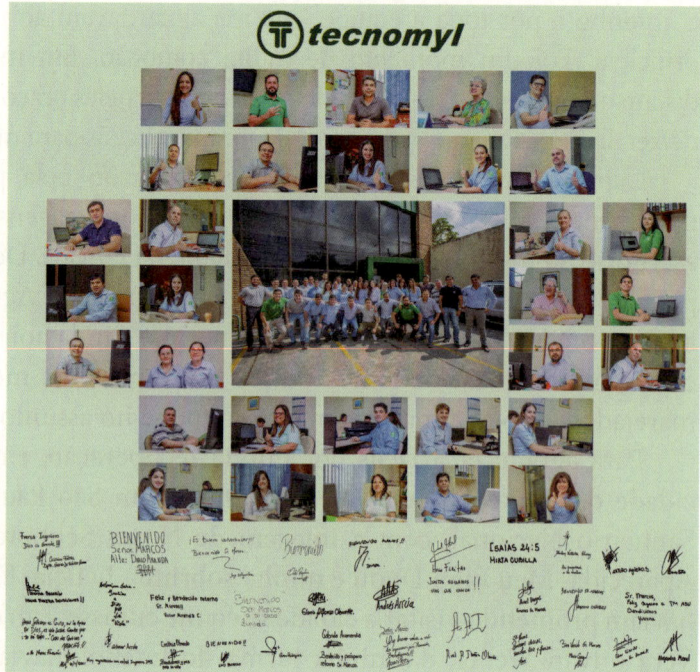

Os funcionários da Agrofértil e da Tecnomyl Paraguai (da fábrica em Villeta e do escritório em Assunção) me surpreenderam com uma calorosa recepção e me presentearam com quadros de assinaturas

promessa. Reuni todos para um fim de semana prolongado, começando na sexta-feira. Na véspera, Bia ficou doente e não pôde ir. Passei dias intensos, revivendo todo o meu processo da Covid.

Pouco tempo depois, em novembro de 2021, organizei a festa Gratidão na chácara, com a presença dos médicos e enfermeiros que me atenderam, além das dezenas de pacientes que eu havia ajudado. Convidei cerca de 150 pessoas, todas vestidas de branco, para um jantar em agradecimento pela vida e pela vitória de uma luta de quase dois anos de pandemia. Assim como fui homenageado com um violino na saída do hospital, eu e Bia recebemos os convidados com um violinista tocando uma linda música – não o mesmo, que já tinha compromisso para aquele dia. Somente na ocasião conheci pessoalmente o Dr. Helio Korkes e a Dra. Tatiana Galvão. Até então, só nos falávamos por telefone e, uma vez, por videochamada, dias após minha alta. Foi uma festa emocionante para todos. Decoramos o salão de nossa chácara, fizemos um lindo jantar e preparamos um vídeo com declarações de vários ex-pacientes, sempre com o objetivo de demonstrar gratidão aos profissionais de branco. Entregamos placas em homenagem aos médicos, enfermeiros e representantes do hospital, da Unimed e da Itaipu.

Dr. Helio (ao centro na foto da esquerda) e Dr. Rodrigo (ao centro na foto da direita) e outros médicos e enfermeiros foram homenageados na festa Gratidão

Quando fiz a festa, o país tinha acabado de passar pela terceira onda de Covid-19, e acreditávamos que a pandemia estava chegando ao fim. Não sabíamos que, pouco tempo depois, uma quarta onda, no início de 2022, voltaria a mobilizar hospitais e equipes médicas. O fim da Covid como uma emergência de saúde pública só foi decretado em maio de 2023 pela Organização Mundial da Saúde (OMS).

Os momentos difíceis da Covid também me trouxeram amigos. Um deles foi o Dr. Rodrigo Romanini, que conheci no dia da minha alta, no hospital. Bia, meus irmãos e filhos comentam que ele foi extremamente prestativo no período da minha internação. Hoje, somos amigos, e tenho um carinho enorme por ele e por sua esposa, a também médica Dra. Ana Paula Romanini. Ele foi um grande incentivador para que eu escrevesse este livro, sempre dizendo que minha experiência com a Covid precisava ser registrada.

A COVID-19 COMO UM DIVISOR DE ÁGUAS

O medo de morrer me fez repensar muitas questões. Uma delas é o fato de que damos pouco valor às coisas simples, como conseguir ir ao banheiro sozinho. Enquanto estava internado, tive que usar fraldas e não conseguia trocá-las sozinho. Era muito constrangedor. Parar de usá-las e ir ao banheiro por conta própria ou escovar os dentes junto à pia foram conquistas tremendas.

Também reconsiderei muitas coisas na minha vida. Pouco antes da alta, quando ainda estava no hospital, resolvi dar mais um cachorrinho para meus filhos e pedir a mão da Bia em casamento. Somos casados no civil, mas nunca fizemos uma festa ou uma cerimônia. Eu não achava necessário, mesmo sabendo que para ela seria especial. Primeiro, pensei em fazer o pedido no dia da alta, na saída do hospital, mas considerei que ela poderia não levar a sério, pensando que eu estaria sob efeito de emoção. Planejei pedir a mão dela em setembro, quando ela faz aniversário, meses depois da alta, para não deixar dúvidas de que minha intenção era real. Viajamos para Camboriú, onde tenho apartamento, e, no dia do aniversário, fomos jantar em um restaurante que não conhecíamos, em uma cobertura com uma linda vista. Quando chegamos, nossa mesa estava enfeitada com flores. Eu havia organizado tudo e, como planejado, entraram um saxofonista e uma mulher ao lado com um buquê, que entreguei para Bia. Na sequência, retirei as alianças do bolso e fiz o pedido, com as crianças como plateia. Foi muito emocionante. Agendamos o casamento três anos depois, para o dia 21 de outubro de 2023, pois esperamos passar a Covid-19 para fazer uma festa sem preocupações.

Eu e a Bia preparamos a nossa festa de renovação de votos com muito carinho e atenção, observando os mínimos detalhes, pois queríamos que nosso "grande dia" fosse algo único e especial. A Bia buscou o vestido dos seus sonhos e eu, que nunca me preocupei com detalhes de roupa, procurei um ateliê em São Paulo para fazer o meu terno. Realizamos o evento em Foz do Iguaçu, no salão de eventos Quinta das Marias, no dia 21 de outubro de 2023. Eu não imaginava que com 59 anos ficaria nervoso com a proximidade da nossa festa.

Depois que todos os convidados se acomodaram, eu entrei com nossa filha Isadora. Em seguida entraram Felipi com sua esposa, Nawana, e Eduardo com sua noiva, Gabriela. Por último, como é tradição, entrou a noiva. Bia estava linda, com seu sorriso encantador. Caminhou até a metade do salão acompanhada por seu pai, que a entregou ao nosso filho Pedro. As palavras do cerimonialista foram muito emocionantes, lembrando a importância de Deus, do amor, da família e da magia que é renovar votos depois de 20 anos de relacionamento. A chegada das alianças foi um momento único. Meus três netos, filhos de Felipi, entraram juntos e provocaram muita emoção nos convidados. Lara trazia uma Bíblia com as alianças, e Kauê, o mais velho, a seu lado conduziu um carrinho que levava Davi. No final, meu pai deixou uma emocionante mensagem, que foi muito elogiada pelos convidados.

Bia estava linda em nossa renovação de votos. Meus netos emocionaram a todos ao trazer as alianças na cerimônia

A música, desde a entrada, durante o jantar, até a valsa dos noivos, foi conduzida pela orquestra Del Chiaro, de Curitiba. Brindamos com a nossa família e amigos e a festa continuou com muita diversão. O nosso objetivo era fazer uma celebração muito alegre, cheia de emoção e boas energias. O cantor Michel Teló animou ainda mais a festa. Eu e Bia ensaiamos uma coreografia, subimos ao palco e demos um show, que foi divertido para nós e para quem assistiu. Às duas horas da manhã, o cantor Latino manteve o pessoal na pista até as quatro horas. O clima foi de descontração e alto-astral. Nosso "grande dia" se encerrou às 4h30, e a sensação foi de felicidade e de gratidão por ter desfrutado desses momentos marcantes.

Desde que retomei minhas atividades, tenho consciência de que Deus me deu uma nova chance para ser feliz, aproveitar a família e cuidar da saúde – e venho me dedicando a isso. Em 2022, nos mudamos do apartamento onde moramos por anos para uma casa em um condomínio, cuja construção eu já havia iniciado antes da Covid. Contratei um escritório de arquitetura para construí-la exatamente como queríamos. Em poucas semanas na casa nova, percebi que deveria ter tomado essa decisão antes. Havia mais de 20 anos eu tinha aquele terreno, mas tinha desistido de construir porque não queria desviar minha atenção dos negócios para me dedicar ao projeto.

Sei que ainda há muito que posso mudar. Poderia trabalhar menos horas por dia, mas estou acostumado com a rotina, além de gostar do que eu faço. Deveria levar meus filhos à escola ou fazer mais exercícios físicos. Quero ser melhor como pai e marido, mas também quero retribuir à sociedade o que Deus me ajudou a construir. Desde que eu e Paulo começamos a Agrofértil, investimos em projetos sociais, mas, depois de passar pela Covid-19, senti vontade de fazer muito mais. Sei que com dinheiro e com minha influência posso ajudar mais pessoas. Talvez tenha sido meu destino passar pela doença de forma tão grave. Para toda a família, também foi uma experiência transformadora. Ficamos ainda mais unidos, já que a possibilidade da perda de alguém próximo valorizou ainda mais a nossa união.

Ademais, sinto um aperto no peito pensando que, se eu morresse, daqui a alguns anos, meus netos não saberiam quem eu fui, o que eu fiz. Muitas coisas cairiam no esquecimento, principalmente entre as novas gerações da família. Foi quando estive mais próximo da morte que julguei a importância de fazer este livro sobre os caminhos que trilhei na vida.

CAPÍTULO 11

A importância da sucessão

Mesmo antes da Covid, eu já pensava em registrar minha trajetória, para transmitir, pelas minhas palavras, o que penso e como vejo o futuro dos negócios. Quero que, com minha história, meus descendentes aprendam sobre a importância da continuidade, da sucessão na família. Meu avô, trabalhando no campo, lutou para poder comprar um sítio. Meu pai deixou os estudos para cuidar da lavoura e, a partir do que herdou, trabalhou muito para, com minha mãe, comprar pequenas propriedades, e eles adquiriram três sítios, que somavam 100 hectares.

É natural que os filhos se espelhem nos pais. Meu pai e minha mãe foram exemplos de boas pessoas, o que me valeu mais do que qualquer conselho que recebi. Eles foram grandes visionários ao oferecer aos filhos a chance de estudar. No meu caso, como já disse, completar a faculdade foi transformador. Mesmo com muita iniciativa para empreender, se eu não tivesse estudado, com certeza, não teria chegado até aqui. Imagino que eu estaria morando em Ibiporã e teria um emprego comum, como qualquer pessoa de cidade pequena no Brasil.

Da mesma forma que recebi de meus pais essa oportunidade, deixarei um legado para meus filhos e netos, mas quero que saibam valorizar o que receberão. Conhecemos histórias de famílias em que a segunda geração perdeu tudo o que a primeira conquistou. Mas também há aquelas que souberam preservar seu patrimônio e aumentá-lo – eu ouvi sobre uma família na Itália que produz vinhos há 26 gerações. Farei de tudo para que meus descendentes sejam capazes de manter e expandir os negócios por muitas décadas.

Com meus quatro filhos: Felipi, Dudu, Isadora e Pedrinho. Sempre estou pensando em minha sucessão nos negócios

Gosto de repetir para meus filhos que dinheiro não traz felicidade, porque concordo integralmente com esse ditado. Mas acredito que, para quem está acostumado com um padrão de vida alto, perder o patrimônio deve ser muito difícil. Eu conheço o caminho de quem tinha muito pouco e, com o crescimento profissional, elevou seu nível de vida. Mas imagino que fazer a trajetória contrária, recuar para viver com menos dinheiro e, por consequência, com menos conforto, seja extremamente desafiador. Por esse motivo, sempre lembro meus filhos da importância de se preparar para não passar por situações semelhantes. Além, é claro, de criá-los para que sejam pessoas com bons princípios para viver em sociedade. Em paralelo, eu e meus irmãos, como sócios do Grupo Sarabia, temos a obrigação de organizar as empresas para a sucessão, oferecendo condições para que as próximas gerações ocupem os espaços que lhes caberão quando deixarmos a operação.

Eu, particularmente, penso nisso há mais de 20 anos, quando a Agrofértil esgotou a capacidade de financiamento dos bancos paraguaios e precisamos levantar recursos com instituições internacionais. Buscamos linhas de crédito nos bancos multilaterais, como o Banco Mundial, o Banco Interamericano de Desenvolvimento e o Banco de Fomento da Holanda, que fornecem financiamento e assistência técnica para projetos de desenvolvimento em diversos países do mundo e operam com base em tratados internacionais. Essas instituições atrelam a concessão de crédito a uma série de práticas de governança corporativa, essenciais para garantir a sustentabilidade e a continuidade das organizações. A governança é fundamental nos processos de sucessão, especialmente em empresas familiares, por garantir planejamento e transparência nas ações da empresa, na qualificação e no desenvolvimento das lideranças.

Esses bancos também realizam eventos para estimular o desenvolvimento das boas práticas de governança corporativa nos países em que investem. Faz mais de dez anos que acompanhamos essas palestras para conhecer as experiências de empresas como a nossa, especialmente aquelas que passam ou já passaram pelo processo de sucessão na liderança dos negócios. Lembro-me de duas famílias que me serviram de exemplo sobre o que não fazer nesse processo. Em uma delas, alguns filhos do fundador atuavam como executivos no negócio, e outros, não, mas, mesmo assim, todos recebiam pagamentos mensais iguais. Acredito que não é justo com quem está trabalhando, se dedicando para preservar o patrimônio, enquanto o outro só aproveita os ganhos. O outro caso era de uma família do Peru, em que o fundador proibia qualquer sucessor de trabalhar na empresa, e todos os cargos eram ocupados por executivos do mercado. Também não concordo com esse modelo, porque nem sempre o executivo vai escolher o que é melhor para o acionista. Essa segunda história serviu para confirmar minha opção de manter a família participando da operação dos negócios. Ouvi, ainda, um terceiro exemplo de sucessão, que mais fez brilhar meus olhos até agora, contado em um curso do Banco Interamericano de Desenvolvimento, o BID. Um empresário na Espanha tomou a decisão de deixar parte de seu patrimônio diretamente para os netos, como forma de garantir que o que foi construído chegaria à terceira geração. Estou analisando a possibilidade de também fazer isso.

Desde que começamos a captar recursos com essas instituições, a cada renovação de financiamento, a Agrofértil recebeu uma relação de melhorias e processos a serem implementados. Elevamos nosso padrão de operação a níveis internacionais, atendendo a requisitos que não são exigidos pela legislação paraguaia. Mas, mesmo assim, ainda não havíamos instaurado as melhores práticas de governança corporativa no Grupo Sarabia.

OLHANDO PARA DENTRO

Conscientes de que precisávamos evoluir no tema, em 2017, buscamos um diagnóstico sobre nossas empresas na International Finance Corporation, IFC, instituição ligada ao Banco Mundial e que investe no setor privado em países em desenvolvimento. Baseado em Washington, a IFC foi uma das primeiras instituições com quem captamos recursos e, hoje, é um dos nossos maiores financiadores. O documento ficou pronto em março do ano seguinte e, de acordo com as referências da IFC, sinalizou 35 pontos de melhoria, de diferentes complexidades, em nossos processos. Uma parte dos itens apontados pelo relatório referia-se à governança corporativa, que estabelece as regras pelas quais a empresa é dirigida e controlada, com objetivo de proteger a sustentabilidade dos negócios. A outra parte relacionava-se à governança familiar, que define os acordos entre os familiares para garantir a harmonia das relações, prevenindo conflitos e assegurando a continuidade da empresa.

A partir dos resultados do diagnóstico, preparamos um plano de ação, estabelecendo prazos para a concretização de cada item apontado pelo banco. Os processos que envolviam questões das empresas foram liderados pelo Adilson, diretor financeiro da Agrofértil, também responsável pela obtenção das linhas de crédito com os bancos multilaterais. Poderíamos ter contratado uma consultoria para fazer esse trabalho, mas optamos por atuar com nossa equipe, que estudou e se apropriou do assunto, mantendo esse conhecimento na empresa. Para conduzir as ações, criamos um comitê composto por quatro funcionários e representantes de cada sócio: meu filho Felipi; Leonardo, filho do Toninho; Eloisa, filha do Paulo; e Rodrigo, filho da Marly. O comitê selecionou as prioridades para as ações apontadas como necessárias, com prazos trimestrais para conclusão.

O relacionamento com os bancos multilaterais tem nos ajudado a melhorar em diversos aspectos. Em 2022, a IFC fez um diagnóstico sobre equidade de gênero nas empresas do grupo. Contratamos uma assessoria que mapeou e revisou todas as ações e políticas da Agrofértil, entrevistou líderes e funcionários, analisando a relação entre homens e mulheres dentro da companhia. Em seguida, uma empresa internacional de auditoria revisou o trabalho e concluiu que a Agrofértil oferece oportunidades iguais para ambos os gêneros. Somos a primeira empresa do Paraguai a possuir a certificação internacional EDGE, de equidade de gênero.[18] Desde então, temos um cronograma estabelecido e pactado de melhoras contínuas a implementar, para seguir evoluindo, e, a cada dois anos, somos revisados por essa empresa.

Entendo que o desenvolvimento e o crescimento de um funcionário independem de ele ser homem ou mulher. Mas a assessoria do Banco Mundial nos dá a certeza de que realmente oferecemos igualdade de condições e um bom ambiente de trabalho.

No final de 2018, na Fiesta Hawaiana que comemorou os 25 anos da Agrofértil, um cliente comentou com Adilson sobre a consultoria da Markestrat. Ele havia contratado os serviços dessa consultoria para desenvolver a governança familiar em sua empresa e estava gostando do trabalho. Resolvemos conhecê-los e, ainda em novembro, Adilson entrou em contato com Fabio Mizumoto. Por coincidência, eu e meu irmão Paulo havíamos conhecido o Fabio em 2015, quando ele visitou o Paraguai para apresentar a consultoria e seus serviços às empresas do país. Naquele momento, porém, não estávamos preparados para começar esse processo.

Agendamos um encontro com o Fabio em janeiro de 2019 e, após uma longa conversa sobre metodologia de trabalho, entregas e responsabilidades das duas partes, contratamos a consultoria para nos auxiliar apenas nos processos relacionados à governança familiar. Pela proposta da Markestrat, os integrantes da família são responsáveis pela criação das regras que regem as relações entre eles e as empresas do grupo. A primeira e a segunda gerações tiveram que trabalhar juntas, discutindo todos os temas que envolvem família e negócios, avaliando potenciais consequências e estabelecendo os critérios para garantir a continuidade do grupo e a harmonia entre os sócios. A equipe da consultoria trouxe uma série de atividades para que os mais jovens conhecessem o negócio com profundidade e os mais velhos aprendessem a receber a nova geração sem preconceitos.

18"Certificação EDGE". Flocert. Disponível em: https://www.flocert.net/pt/certificacao-edge/. Acesso em: 30 out. 2023.

Para que o processo de governança tenha êxito, é fundamental que quem o lidere tenha afinidade com os membros da família, além de conhecer o tema. Fabio encaixou-se perfeitamente bem nesse quesito, caiu na simpatia de todos já nas primeiras reuniões. Mesmo a Bia, que não participa dos negócios e achou estranho ter que se encontrar com o Fabio para falar sobre as empresas, voltou animada da reunião com ele.

Com a orientação da Markestrat, desenvolvemos o protocolo familiar, que registra os parâmetros da relação entre as pessoas físicas e as empresas do grupo. São temas como o papel de cada herdeiro, independentemente de assumir posições nas empresas, critérios para participação na gestão, políticas de remuneração, distribuição de lucro e reinvestimento. O documento inclui todos os temas relacionados à família e à gestão das empresas e que podem interferir no desempenho dos negócios. O objetivo é evitar desentendimentos no futuro, uma vez que todos os pontos com potencial de conflito foram mapeados, e seus eventuais desdobramentos estão registrados nesse documento.

Fazer o pacto sucessório é muito importante. Nos últimos anos, quando encontro uma reportagem de briga familiar por herança, procuro ler e entender qual foi o erro de quem deixou os bens para a família. Observo os detalhes, para evitar que aconteça o mesmo na minha sucessão. É fundamental dar legitimidade aos herdeiros, para que todos conheçam a intenção do fundador e possam discutir e resolver as diferenças em vida. É sempre mais difícil chegar a um acordo quando a discussão acontece sem a presença de quem construiu o patrimônio. Penso que, em processos sucessórios, é preciso obedecer à lei, mas também respeitar a decisão do fundador. No meu caso, quero que todos os meus herdeiros saibam as minhas intenções e estejam de acordo com elas.

Mesmo assim, a família não ficará imune a disputas e eventuais conflitos, já que não é possível prever tudo o que pode ser fonte de desavença. Para esses casos, o protocolo apresenta mecanismos para o encaminhamento de assuntos controversos. Todas as medidas têm o objetivo de evitar desgastes nos relacionamentos familiares provocados pelas relações de negócios e proteger o patrimônio de eventuais desentendimentos entre as pessoas. O protocolo foi assinado em setembro de 2019, quando foi criado o primeiro Conselho Familiar, formado por um filho de cada sócio – os mesmos integrantes do comitê criado no início do processo de governança.

Como todos participaram do processo de decisão dos critérios estabelecidos no protocolo familiar, garantimos que tenham vivenciado a problemática de cada tema de forma profunda e suficiente para que se sintam proprietários daquelas ideias. Demoramos sete meses para escrever um documento de pouco mais de dez páginas, porque nos dedicamos plenamente, até esgotar cada detalhe. Assim, temos um acordo bem amarrado, que vai ser seguido. Foi um processo intenso em emoções, porque abordamos questões que poderíamos ignorar hoje, mas que, algum dia, poderiam trazer problemas, colocando o negócio em risco – e, o pior, prejudicando as relações familiares.

As famílias dos sócios em uma das reuniões organizadas pela Markestrat para abordar a sucessão

O cuidado das próximas gerações deve ser dar continuidade às empresas e não se preocupar com questões de divisão societária, por exemplo. Resolvendo esses detalhes agora, garantimos que a perpetuidade dos negócios acompanhe o bom relacionamento familiar. Manter o patrimônio é muito importante, mas eu ficaria decepcionado se, no futuro, meus netos, bisnetos ou tataranetos tivessem prosperado e expandido os negócios sendo extremamente infelizes e tratando-se como inimigos.

Nesse processo com a Markestrat, tive oportunidade de conviver muito com Fabio, que considero um amigo. Ele foi mais um incentivador e colaborador para que este livro se concretizasse. Com ele, aprendi sobre o índice de cognição, que avalia o potencial profissional de cada indivíduo. Pela metodologia que mede esse indicador, é possível interpretar como cada pessoa entende e processa o mundo em que vivemos e qual o limite de cada uma. Depois de conhecer o índice, passei a observar funcionários e membros da família de outra forma, com mais clareza de que não podemos esperar de alguém mais do que é capaz de assumir. Percebi como é importante conhecer isso para nos prepararmos para a sucessão. Assim como eu e meus irmãos somos diferentes, cada um com seu potencial, os membros da segunda geração também são. Hoje, sei que não adianta ter planos para que todos sejam executivos destacados, porque cada um, com suas características individuais, se desenvolverá de maneiras e com potenciais diferentes. Alguns alcançarão cargos mais elevados, outros não, o que é muito normal.

Ao longo dos últimos 30 anos, eu e meus irmãos desenvolvemos um modelo de liderança e processos de tomada de decisão de acordo com os acontecimentos. Nunca nos dedicamos a criar um código de conduta, porque não havia necessidade, mas sempre nos entendemos e sabemos como cada um pensa, quais são os motivos por trás de cada decisão. Por ter tido a iniciativa de criar a Agrofértil, pela divisão de nossa participação acionária nos negócios, pela nossa história e, principalmente, pelo meu perfil, naturalmente, assumi entre meus irmãos uma posição que acredito ser de liderança. No organograma das empresas, eu sou o presidente, o que não quer dizer que minha opinião se sobreponha à deles. Procuramos chegar a uma decisão consensual, mas isso nem sempre acontece. Nesses casos, algum de nós cede, e seguimos em frente. Muitas vezes, eu cedi, aceitando decisões que, particularmente, não considerava serem as melhores. Mas esse movimento manteve nosso relacionamento sempre saudável. Nunca tivemos que votar ou apelar para a participação acionária para tomar uma decisão.

Acredito que nossa sociedade funciona porque cada um de nós é responsável por uma parte dos negócios, com independência e liberdade operacional. Eu me dedico a tudo o que se relaciona à Tecnomyl no Paraguai, na Bolívia e no Brasil, às fazendas na Bolívia, ao jurídico, às relações institucionais e às decisões que demandam uma visão macro de todas as empresas do Grupo Sarabia. Paulo é responsável pela área comercial, marketing, crédito e logística de insumos da Agrofértil, além de coordenar a relação com os sócios do Sanma Hotel. Toninho, que gosta do campo, cuida do negócio de grãos da Agrofértil, das fazendas do Paraguai e do Brasil e de todos os investimentos em construções que fazemos. Trazemos para decisões conjuntas somente os assuntos mais estratégicos, o que sempre fizemos de maneira informal: um entra na sala do outro, chamamos o terceiro e tudo é rapidamente decidido. Até iniciarmos os trabalhos com a Markestrat, nunca escrevemos essas regras, mas, com a chegada da segunda geração, os códigos precisam ser mais consistentes, e é necessário que estejam registrados.

Minha sociedade com meus irmãos, Toninho e Paulo, nunca precisou de regras formalizadas

ARRUMANDO A CASA

Depois da minha alta do hospital, em 2020, retomamos as atividades de governança com reuniões mensais do Conselho de Administração. A proposta era desenvolver a cultura de discutir e votar as decisões estratégicas. Toda proposta, levada por qualquer integrante do Conselho, pode ser aprovada ou rejeitada com base em critérios técnicos, visando proteger a sustentabilidade do negócio. Desde o final de 2021, incorporamos ao Conselho de Administração conselheiros independentes, profissionais sem vínculo com as empresas, para trazerem uma visão externa e imparcial das questões debatidas. Buscamos dois perfis diferentes: Antonio Zem, que tem experiência na área comercial e de negócios, e que, com seu histórico de presidente de empresa multinacional, tem alta reputação no mercado brasileiro de defensivos; e Joyce Westmann, que tem perfil administrativo, financeiro e de controladoria. O processo de decisão do Conselho é bastante parecido com meu processo pessoal de formar uma opinião sobre determinado negócio. Acredito que grande parte dos acertos que tive até aqui foi consequência da minha capacidade de ouvir as pessoas. Gosto de pedir a opinião dos outros sobre ideias que estão na minha cabeça. Sempre há alguém que me traz uma perspectiva que não tinha me ocorrido. O que não significa que eu seja facilmente convencido. Quando tenho opinião formada, defendo minhas posições com argumentos.

No processo de governança, planejamos também o caminho da sucessão. Como qualquer decisão de negócio, o critério para escolher nossos sucessores não pode ser emocional. É preciso ter capacidade e qualificação para liderar, e isso não acontece naturalmente. Eu e meus irmãos temos consciência de que nossos filhos ainda não estão maduros para nos substituir. Se sairmos antes de estarem prontos, colocaremos executivos para fazer a ponte entre as duas gerações, administrando as companhias durante alguns anos. Já faz parte da cultura das nossas empresas oferecer oportunidade aos executivos que se destacam em suas funções. Temos várias pessoas com potencial para assumir cargos de diretoria, que sabemos que estão comprometidas com o futuro dos negócios.

Claro que minha expectativa é de que meus filhos e netos se dediquem às empresas com o mesmo empenho que eu tenho, mas sei que a realidade deles é muito diferente. Quando decidi empreender no Paraguai, tinha pouco a perder, apesar de ser tudo o que eu tinha. Por esse motivo, minha única saída era acertar, e me agarrei à oportunidade com vontade. Sempre digo que, quando comecei, era como se tivesse ido caçar com apenas uma bala. Os descendentes não têm esse desafio e, provavelmente, nunca terão. As batalhas para eles serão outras, tão grandiosas quanto a minha, mas diferentes. Caberá a eles identificar os próprios caminhos e se esforçar para deixar seu próprio legado.

Entre as iniciativas de governança, estudamos a criação de uma *holding* para melhorar o gerenciamento dos negócios e facilitar o processo de sucessão. Ainda estamos em fase de estruturação. É um tema bastante complexo, que tem exigido muita análise e discussão entre nós, mas deixará o grupo preparado para dar saltos mais altos no mercado internacional.

Quando definirmos a *holding*, o próximo passo será a emissão de bônus na Bolsa, que poderá ser no Paraguai, no Brasil ou nos Estados Unidos, para testar o interesse dos investidores pelas nossas ações, pois acreditamos que seremos a primeira empresa do agronegócio paraguaio a realizar essa operação. Estou otimista, pois confio no potencial do agronegócio e sei que o mercado reconhece esse valor. Pouco antes da pandemia de Covid-19, fomos procurados por um fundo interessado em comprar nossas empresas, mas rejeitamos a proposta, que era tentadora naquele momento. Foi uma decisão acertada, porque, dois anos depois, elas valiam pelo menos o dobro.

Possivelmente, no futuro, faremos uma oferta inicial de ações, o IPO, e, para isso, estamos elaborando análises financeiras e projeções de resultados das empresas, destacando o potencial do grupo. Nas relações financeiras com bancos de investimentos e de forma institucional, nos posicionamos como Grupo Sarabia, detentor de empresas de diferentes setores: fabricação, comercialização e distribuição de fertilizantes, sementes e agroquímicos, produção e comercialização de grãos e pecuária. Embora não seja uma empresa constituída, a denominação Grupo Sarabia é uma forma mais robusta de apresentação.

PENSAR NO FUTURO

Eu sempre estive atento às oportunidades que passaram pelo meu caminho. Ainda no início da Agrofértil, no ano 2000, compramos 50% da Tecnomyl, que, na época, faturava menos de um milhão de dólares por ano. Pouca gente acreditava no potencial da empresa, que competiria com multinacionais tradicionais do mercado. No Paraguai, hoje, somos a maior indústria de agroquímicos e temos o maior *market share*, de 28%. Em 2018, nossa fatia de mercado chegou a ser equivalente ao somatório da participação de todas as multinacionais que atuavam no país. Nesse segmento, talvez o Paraguai seja o único país do mundo em que o líder de mercado não é uma multinacional. Juntamos as lideranças dos departamentos técnicos da Agrofértil e da Tecnomyl, que formam o comitê de desenvolvimento, responsável por observar as demandas do mercado e procurar como atendê-las. Com isso, conseguimos ter uma constante renovação do portfólio.

Em 2018, o Felipi trabalhava na área de nutrição, sob supervisão do Ricardo Trautmann, que o ajudou muito a se desenvolver. Juntos, eles participaram de um evento promovido pela StartSe, especializada em cursos sobre tendências em diversos setores. As palestras sobre as novidades tecnológicas do agronegócio motivaram uma viagem ao Vale do Silício, na Califórnia, Estados Unidos – um dos principais centros de tecnologia e inovação do mundo. Foram Felipi, Ricardo, meu irmão Paulo e o filho dele, Lucas. Quando voltaram, estavam convencidos de que era importante termos um setor de inovação dentro da Agrofértil.

Considero que sempre fomos inovadores, mas, diante do novo cenário, sentimos a necessidade de atuar com um suporte adicional. Contratamos a consultoria Khanum, especializada em inovação, que apoiou o Felipi na organização de um time com 20 lideranças do Grupo Sarabia, com representantes da Agrofértil, da Tecnomyl e das fazendas, para passar uma semana visitando empresas e laboratórios no Vale do Silício, no início de março de 2020. Ao voltar da viagem, eu estava convicto de que precisávamos apostar mais alto em inovação. Costumo ser bastante realista com novas tendências e sei que, muitas vezes, o que parece ser uma grande novidade acaba se mostrando algo passageiro. Acredito que ainda há muita "espuma" – iniciativas que parecem transformadoras, mas que dificilmente sobreviverão ao tempo. Independentemente disso, diante de tudo o que conhecemos nos Estados Unidos, percebi que havia risco de ficarmos para trás se não nos atualizássemos nas novas tendências, como é o caso do desenvolvimento de produtos biológicos.

Investimos também em tecnologias que agregassem valor ao serviço de consultoria de vendas que já prestávamos aos agricultores. Usando plataformas tecnológicas, como a Terrex, entregamos recomendações de uso dos insumos que comercializamos de forma muito mais específica e adequada para cada área de plantação, com o intuito de aumentar a eficiência, otimizar recursos e impulsionar a produtividade. Pela plataforma, oferecemos ao agricultor uma série de soluções e serviços em todo o ciclo de produção da soja, desde o preparo do solo para o plantio até a colheita. Com a análise do solo a cada dois hectares, é possível programar o sistema para que a máquina coloque a quantidade específica de adubo que cada parcela da plantação deve receber e para que a plantadeira distribua as sementes adequadamente, aumentando a produtividade.

Lideranças do Grupo Sarabia em viagem ao Vale do Silício, em São Francisco, nos Estados Unidos

Em 2022, a área de inovação da Agrofértil deu origem a uma nova empresa do grupo, a H2O Innovation, que opera em duas frentes. No Grupo Sarabia, a H2O é o braço de inovação, com objetivo de gerir projetos e prospectar parceiros para impulsionar as iniciativas das empresas. Para o mercado, ela oferece condições para empreendedores desenvolverem seus projetos alocando recursos financeiros, pessoas e *know-how* do agronegócio, com programas de incubação e aceleração. Em maio de 2023, após cerca de um ano de atuação no Paraguai, a H2O inaugurou suas atividades no Brasil. A empresa já tem projetos de peso, como uma plataforma digital de serviços ao agricultor e uma fintech, um banco digital.

Felipi em evento de lançamento da H2O Innovation, em Ciudad del Este, Paraguai

Todo o processo de convencimento interno para que diretores e gerentes apoiassem o desenvolvimento da H2O foi liderado e estimulado pelo Felipi. Naturalmente, ele se tornou líder de inovação no Grupo Sarabia e foi escolhido para ser *head* da empresa. Na inauguração, em abril de 2022, o departamento de marketing preparou um grande evento na recepção da Agrofértil, com decoração futurista e tecnológica, com luzes de LED azul-claro e telões projetando imagens com o logotipo da H2O. Ao apresentar a nova empresa, Felipi demonstrou garra e entendimento sobre o assunto. Ouvi do público presente muitos elogios e comentários positivos sobre sua apresentação, o que me deixou muito orgulhoso.

Acredito que o amadurecimento profissional leva tempo, e assim está sendo com Felipi, como também será com Dudu, que está trabalhando na Tecnomyl Brasil, no departamento de marketing. Tenho certeza de que ele também encontrará seu caminho. Dudu é muito extrovertido e de fácil relacionamento, mas tem dificuldade para falar em público. Em abril de 2023, na convenção da Tecnomyl Brasil, ele fez a apresentação da H2O no lugar do Felipi, que precisou se ausentar. Fiquei muito feliz e satisfeito com o desempenho dele, pois demonstrou uma grande evolução. Isadora e Pedro, mesmo ainda muito jovens, já participaram das reuniões do Conselho Familiar para conhecer a dinâmica e se acostumar com os negócios, ainda que não entendam todos os temas tratados. Em 2019, Isadora viajou comigo à China, acompanhou minha rotina de visita a fornecedores e fabricantes, e o Pedro, com dez anos, tem uma facilidade incrível de aprendizagem, se destacando na escola, sempre com notas acima de 90. Em breve, eles se juntarão aos irmãos mais velhos nas empresas do grupo. Espero que cada um, a seu modo e no seu ritmo, encontre seu caminho. Farei tudo o que estiver ao meu alcance para que sejam bem-sucedidos em suas escolhas. No final, o que mais quero é que sejam felizes. Meus pais me mostraram um caminho para que eu estudasse e não precisasse trabalhar no campo. Eu estou mostrando aos meus filhos o caminho que considero certo, que é dar seguimento aos negócios da família. Mas sei que as escolhas são deles, e terei que aceitá-las.

Tenho clareza de que as próximas gerações da família Sarabia não serão movidas pelo mesmo motivador que eu tive. Quando decidi empreender, eu precisava ganhar dinheiro para sobreviver. Nestes 30 anos que trilhei até aqui, pude saborear diversas conquistas, das mais singelas – como a compra de uma calça jeans à vista, ainda no início da minha carreira – às mais grandiosas – como a compra de fazendas, assinatura de grandes contratos, aquisição de avião particular, comemoração de ótimos resultados nas empresas ou viagens para os mais diversos lugares do mundo.

Gosto muito de apreciar os prazeres da vida, como namorar, viajar, fazer festas, jogar futebol, me deliciar com boa comida ou bons vinhos, que passei a apreciar depois dos 40 anos de idade. Participo de uma confraria em Foz do Iguaçu e já viajei para conhecer vinícolas em diversos países da Europa, América e África. Mas gosto muito também de sentir o prazer de uma conquista profissional. De chegar ao final do ano e ver o crescimento da empresa nos 12 meses que se passaram, olhar para trás e ver tudo o que construí. Às vezes, me questiono:

"Por que a maior parte dos negócios que eu faço dá certo?". Já comentei com a Bia como é curioso que um menino tímido, criado na roça, hoje é líder de grandes empresas, participa de reuniões com diretorias de fornecedores e bancos, está sempre viajando. Seria sorte ter chegado até aqui? Eu acho que não. Sorte é estar preparado para reconhecer as oportunidades quando aparecem e ter dedicação e persistência para alcançá-las. Considero que meu sucesso no Paraguai é um exemplo disso, já que, no início da década de 1990, quando fui dar uma palestra como funcionário de uma empresa, avistei uma oportunidade e me dediquei para que ela se transformasse na realidade de hoje.

Nas reuniões com funcionários do Grupo Sarabia, sempre digo que as conquistas são conseguidas com trabalho, trabalho, trabalho. Enfatizo e repito a palavra "trabalho", pois entendo que é assim que o resultado aparece. Se meus filhos, sobrinhos, netos e bisnetos tiverem clareza de seus desejos, eles terão a oportunidade de aproveitar as próprias conquistas. Serão protagonistas de suas histórias, dando continuidade ao que eu e meus irmãos construímos e deixamos para eles.

Foi quando estive mais próximo da morte que percebi a importância de fazer este livro. Ele é o registro de uma trajetória que trilhei com orgulho, trabalhando muito e me dedicando. Agradeço a Deus pelas conquistas, tentando aprender e melhorar com os meus erros. Se não fui bem-sucedido em tudo, tenho a tranquilidade de quem procurou sempre acertar. Espero deixar aos meus descendentes mais do que apenas o legado financeiro. Desejo que minha história sirva de inspiração para a minha família, que é o que mais amo neste mundo. Assim como para cada um dos leitores que estiverem com esta obra em mãos, inspirando pelo exemplo para que sejam bem-sucedidos em qualquer outra área empresarial.